Louis XVI

EN VENTE TOUS LES 15 JOURS
Édité par : ÉDITIONS ATLAS, 1186, rue de Cocherel, 27000 Évreux.
S.A.S. au capital de 15 000 000 €. RCS Évreux B693650137

SERVICES ADMINISTRATIFS ET COMMERCIAUX
France : Editions Atlas - TSA 11130 - 59711 Lille Cedex 09
Tel: 0892 687 787 0.34 €/min
Belgique : Editions Atlas - TSA 66102 - 27924 Évreux Cedex 09 - France
Tel : 0800 11 112 -La distribution est assurée par les AMP.

VENTE AU NUMERO
Les numéros parus (sans les cadeaux exceptionnels éventuellement offerts au moment du lancement) peuvent être obtenus chez les marchands de journaux, ou, à défaut, chez l'éditeur, au prix en vigueur au moment de la commande. Pour toute commande par lettre, majorer le règlement de 2,50 € à titre de participation aux frais d'envoi.
Pour la France contacter les services commerciaux des Editions Atlas, pour les autres pays, s'adresser aux sociétés indiquées ci-dessus.

ABONNEMENT PAR TÉLÉPHONE
Pour la France : 0 892 687 787 (0,34 € TTC/mn).
Pour les autres pays s'adresser aux sociétés indiquées ci-dessus.

ÉDITIONS ATLAS
Président-directeur général : Bernard Canetti
Directeur général : Guido Mastropaolo
Directeur division fascicules : Anne Clébant
Principal actionnaire : De Agostini Atlas Éditions B.V.

Directeur de la rédaction : Guy Gouëzel
Responsable de production : Pierre Jauneau
Directeur de la production éditoriale : Marion Mabboux
Directeur des ventes : Gérard Chicanot
Secrétaires d'édition : Karine Le Bricquir et Marie Pfeiffer
Responsables de fabrication : Laurence Velain et Sylvie Deniau
Rédaction : Françoise Bayle

Concept original et création : ETCRÉO
Conception : Copyright
Réalisation : Copyright

Le prix de vente volume 1 est de 0,99 €, celui du volume 2 de 2,99 €.
Le prix du volume 3 est de 8,99 €. Le volume *Louis XVI* sera livré gratuitement avec le volume 3
Chaque volume suivant est vendu au prix de 8,99 €.

Directeur de la publication : Bernard Canetti
Imprimé en Chine
Dépôt légal : octobre 2008
ISBN : 978-2-7312-3795-5

À NOS LECTEURS
En achetant tous les 15 jours votre volume chez le même marchand de journaux, vous serez certain d'être immédiatement servi, en nous facilitant la précision de la distribution. Nous vous en remercions par avance.
De Agostini Atlas Editions *Editions At*

Louis XVI

Un Roi dans la tourmente

EDITIONS ATLAS

Sommaire

Généalogie de Louis XVI 6
La famille royale 8
Les acteurs du règne 10

Le roi qui n'aurait pas dû régner

Louis Auguste, troisième dauphin 14
Dans l'ombre du duc de Bourgogne 15
L'éducation d'un futur roi 16
La France et l'Autriche célèbrent leur alliance 18
« Mon Dieu, nous régnons trop jeunes » 20

Le temps des réformateurs

Les espoirs d'un sacre 24
Premier gouvernement, premier édit 26
Turgot, ou le trésor au pas de charge 28
Necker, le banquier éclairé 30
La spirale infernale des finances 32
La France s'engage en Amérique 34
Le roi défend l'équilibre européen 36

Louis, roi des Français

La fronde des parlements et les États généraux 40
La Bastille, symbole du despotisme 42
Des privilèges aux droits de l'homme 44
Mirabeau, partisan d'une monarchie constitutionnelle 45
Les femmes marchent sur Versailles 46
La fête de la Fédération 48

Une famille au cœur des affaires

L'empêchement du roi 52
Enfin, une descendance 53
Marie-Antoinette, l'insoumise 54
La reine chef de clan ? 56
L'énigme Axel Fersen 57
L'affaire du Collier 58
L'affront du *Mariage de Figaro* 60
Le journal du roi 61
Le mystère de l'enfant du Temple 62

Des Lumières aux Montgolfier

Les Lumières et l'Encyclopédie 66
Les sciences en progrès 68
Les Montgolfier à l'assaut du ciel 70
L'expédition de La Pérouse 72
Les arts, ou le style Marie-Antoinette 74

Du chaos à l'échafaud

La fuite à Varennes 78
L'été de tous les dangers 79
À la prison du Temple 80
Le procès du roi 82
Place de la Révolution, 21 janvier 1793 84

Le rendez-vous manqué

Le roi et son peuple ou l'incompréhension réciproque 88
Entre absolutisme et réformisme 90
La réhabilitation de l'Histoire 92

Chronologie du règne 94

Généalogie de Louis XVI

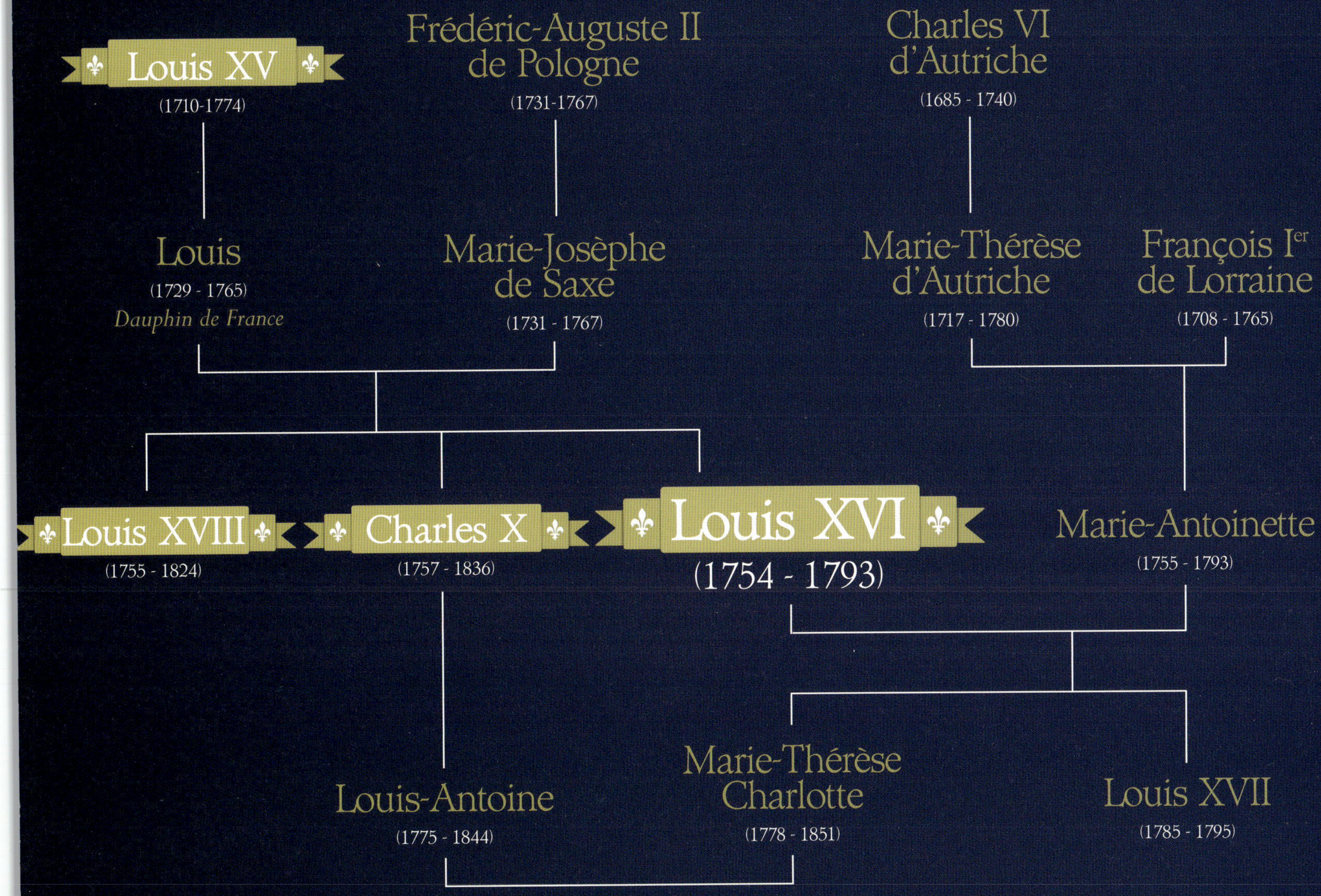
Louis XV
(1710-1774)
Frédéric-Auguste II de Pologne
(1731-1767)
Charles VI d'Autriche
(1685 - 1740)
Louis
(1729 - 1765)
Dauphin de France
Marie-Josèphe de Saxe
(1731 - 1767)
Marie-Thérèse d'Autriche
(1717 - 1780)
François Ier de Lorraine
(1708 - 1765)
Louis XVIII
(1755 - 1824)
Charles X
(1757 - 1836)
Louis XVI
(1754 - 1793)
Marie-Antoinette
(1755 - 1793)
Louis-Antoine
(1775 - 1844)
Marie-Thérèse Charlotte
(1778 - 1851)
Louis XVII
(1785 - 1795)

La famille royale

Louis de France

(1729-1765)

Dauphin de France

Fils aîné du roi Louis XV et de Marie Leszczynka, Louis Ferdinand épouse en secondes noces Marie-Josèphe de Saxe, qui lui donne huit enfants, dont le duc de Berry, futur Louis XVI. Peu proche de ce troisième fils, auquel il préfère l'aîné, le duc de Bourgogne, Louis de France s'apprête à régner à la suite de Louis XV, mais il meurt à trente-six ans de la tuberculose.

Marie-Josèphe de Saxe

(1731-1767)

Dauphine de France

Fille d'Auguste III de Saxe et de Marie-Josèphe d'Autriche, elle épouse le dauphin Louis de France en 1747. Douce et sincère, elle finit par se faire aimer de son époux. C'est en le soignant qu'elle contractera la tuberculose et mourra deux ans après lui, laissant orphelins leurs cinq enfants survivants, dont le futur Louis XVI.

Marie-Antoinette

(1755-1793)

Reine de France

Fille de François Ier de Lorraine et de Marie-Thérèse d'Autriche, Maria Antonia Josepha Johanna épouse en mai 1770 le futur Louis XVI, à qui elle donnera quatre enfants. Frivole et intrigante selon ses nombreux détracteurs, Marie-Antoinette fera preuve d'une grande dignité au cours de son procès, qui la condamnera à la guillotine le 16 octobre 1793.

Charles X

(1757 - 1836)

Roi de France

Cinquième fils de Louis de France et de Marie-Josèphe de Saxe, Charles, comte d'Artois, est assez proche de Marie-Antoinette mais, ne cesse de s'opposer aux réformes voulues par son frère Louis XVI. Il quittera la France le 17 juillet 1789, pour y revenir en 1814. Succédant à Louis XVIII en 1824, il sera forcé d'abdiquer en 1830.

Louis XVIII

(1755 - 1824)

Roi de France

Quatrième fils de Louis de France et de Marie-Josèphe de Saxe, Louis-Stanislas, comte de Provence, se démarquera de Louis XVI, son frère, par une conception plus moderne du pouvoir. Il émigrera à l'étranger en juin 1791, d'où il tentera d'asseoir sa légitimité. Il prendra le nom de Louis XVIII à la mort du dauphin Louis Charles, en juin 1795. Mais ce n'est qu'en 1814, à la Restauration, qu'il accédera au trône de France.

Louis XVII

(1785-1795)

Dauphin de France

Fils cadet de Louis XVI et Marie-Antoinette, Louis Charles, duc de Normandie, est emprisonné au Temple avec ses parents le 13 août 1792. À la mort de son père, le 21 janvier 1793, il est considéré par les royalistes et les puissances étrangères comme le roi de France, sous le nom de Louis XVII. Mais il meurt au Temple dans des conditions dramatiques, à l'âge de dix ans.

Marie-Thérèse Charlotte de France

(1778 - 1851)

Dauphine de France

Dite Madame Royale, la fille aînée de Louis XVI et de Marie-Antoinette est emprisonnée au Temple. Libérée en décembre 1795, elle émigre à la cour d'Autriche. En 1799, elle épouse Louis-Antoine, duc d'Angoulême, son cousin et le fils aîné du futur Charles X. Demeurée sans descendance, elle rentrera en France en 1814, pour défendre la monarchie.

Marie-Adélaïde de France

(1732-1800)

Princesse de France

Quatrième fille de Louis XV et de Marie Leszczynka, celle qu'on appelle Madame Adélaïde sera d'abord, comme ses sœurs Victoire (1733-1799) et Sophie (1734-1782), proche du roi Louis XVI, son neveu. Mais toutes seront aussi les premières à surnommer Marie-Antoinette « l'Autrichienne », ternissant ainsi la réputation de la reine.

Les acteurs du règne

Les alliés

Anne Robert Jacques Turgot

(1727 - 1781)

Homme politique

Ancien intendant de Limoges, Turgot est nommé en 1774 ministre de la Marine et contrôleur général des Finances. Il est limogé deux ans plus tard, alors qu'il presse le roi d'adopter un train de réformes audacieuses qui, remettant en cause la société d'ordres et prônant l'égalité fiscale, rencontrent la plus vive hostilité de la part de la noblesse et du clergé.

Jacques Necker

(1732 - 1804)

Homme politique

Banquier protestant et genevois, Necker est nommé directeur général des Finances en 1777. Il remporte d'abord un vif succès, puis, victime d'une cabale organisée par les parlementaires, il doit quitter ses fonctions en 1781. Il reviendra en août 1788, sera de nouveau renvoyé le 11 juillet 1789… pour quitter définitivement les affaires le 3 septembre 1790.

Chrétien Guillaume de Lamoignon de Malesherbes

(1721-1794)

Homme politique

Ancien conseiller de Louis XV, il occupe différentes fonctions – secrétaire d'État, ministre, garde des Sceaux – de 1775 à 1788. Il émigre au début de la Révolution, mais revient en 1792 pour assurer la défense de Louis XVI. Il finira guillotiné le 22 avril 1794.

Honoré Gabriel Riqueti

(1749-1791)

comte de Mirabeau

Orateur né, élu député du tiers état en 1789, Mirabeau apparaît, au début de la Révolution, comme l'homme politique incarnant le mieux l'esprit de la future monarchie constitutionnelle. Mais il va devenir en secret l'un des meilleurs appuis de Louis XVI. On ne découvrira son double jeu qu'après sa mort brutale, le 2 avril 1791.

Les adversaires

Philippe Égalité

(1747-1793)

duc d'Orléans

Cousin de Louis XVI, Louis Philippe Joseph d'Orléans s'oppose à la politique réformatrice du roi et fait de sa résidence, le Palais-Royal, un centre d'agitation révolutionnaire. Elu député de la noblesse aux états généraux de 1789, il rêve de remplacer son cousin avec le titre de régent. En 1792, il prend le nom de Philippe Égalité et, en janvier 1793, s'illustre en votant la mort du roi. Ce qui ne l'empêchera pas de finir guillotiné, lâché par les deux camps.

Jean-Paul Marat

(1743-1793)

Homme politique

Médecin et homme de science, Marat lance, le 12 juillet 1789, un quotidien – Le Publiciste parisien, bientôt rebaptisé L'Ami du peuple –, où il ne cessera de faire appel à la vigilance révolutionnaire. Partisan de l'instauration d'une dictature, il jouera un rôle central dans la condamnation à mort de Louis XVI, avant de finir assassiné, le 13 juillet 1793, par Charlotte Corday.

Georges Jacques Danton

(1759 - 1794)

Homme politique

Fils d'avocat, fondateur du Club des cordeliers en avril 1790, Danton est celui qui, après la fuite à Varennes, réclame la déchéance du roi. Nommé ministre de la Justice une fois la monarchie tombée, il est d'abord partisan d'épargner la vie de Louis XVI, mais finit par voter la mort. Il est arrêté et guillotiné le 5 avril 1794.

Camille Desmoulins

(1760-1794)

Homme politique

Avocat au barreau de Paris, Desmoulins entre en politique après son élection comme député du tiers état en 1789. Piètre orateur, il va en revanche exercer une grande influence sur l'opinion révolutionnaire grâce à ses publications. D'abord proche de Robespierre, il se rangera aux vues de Danton, avec qui il sera guillotiné le 5 avril 1794.

Maximilien de Robespierre

(1758 - 1794)

Homme politique

Cet avocat d'Arras est élu député du tiers état en 1789 puis devient l'un des membres les plus influents du Club des jacobins. En 1793, il vote la mort immédiate de Louis XVI. Théoricien de l'ordre révolutionnaire, il prend la tête de la Terreur. Mais ses inimitiés au sein de la Convention auront raison de lui : il sera guillotiné le 28 juillet 1794.

Le roi qui n'aurait pas dû régner

Rien ne prédestine vraiment Louis XVI à succéder à son grand-père Louis XV, si ce n'est la mort de son frère aîné et de son père. Inexpérimenté pour les affaires politiques, il se heurte dès le début de son règne à une France vieillissante charmée par les idées des Lumières.

Ci-contre : *La cérémonie de bénédiction nuptiale, du dauphin de France et de Marie-Antoinette d'Autriche, est donnée dans la chapelle de Versailles le 16 mai 1770. Gravure, XVIIIe siècle.*

Louis Auguste, troisième dauphin

Rien ne pouvait laisser prévoir l'arrivée au pouvoir de Louis Auguste, duc de Berry, né le vendredi 23 août 1754, futur Louis XVI. Ce petit-fils de Louis XV et de Marie Leszczynska est le troisième fils du Dauphin, Louis-Ferdinand, et de sa seconde épouse, Marie-Josèphe de Saxe. Pour qu'il ait une chance de régner un jour, il faut que tous ceux qui le précèdent sur la liste des prétendants au trône disparaissent. C'est ce qui arrivera : durant toute son enfance, Louis Auguste ne cessera de côtoyer la mort.

Malédiction familiale

Avant même que le futur Louis XVI ne naisse, le deuxième fils de la famille, le duc d'Aquitaine, est mort – à quelques mois à peine. Puis, en 1755, sa grande sœur, Marie-Zéphirine, décède d'une péritonite aiguë – elle n'a que cinq ans. Enfin, à l'âge de dix ans, le duc de Bourgogne, de trois ans plus âgé que le futur Louis XVI, disparaît à son tour le 21 mars 1761 : à la suite d'une chute d'un cheval en carton, quelques années auparavant, il s'est mis à boiter et doit être opéré. Mais il ne résiste pas à une mauvaise opération des chirurgiens, contracte une tuberculose osseuse qui se double bientôt d'une tuberculose pulmonaire.

« Pauvre France ! »

Et ce n'est pas fini. Car le Dauphin Louis-Ferdinand, fils de Louis XV et père de Louis Auguste, a lui aussi contracté la tuberculose et meurt le 20 décembre 1765, à trente-six ans. Son épouse, Marie-Josèphe, qui ne s'est jamais remise de la mort de son mari, disparaît à son tour un an et demi plus tard, victime de la même maladie, le 8 mars 1767. Son père mort, ses deux frères aînés également, le duc de Berry, futur Louis XVI, sait à onze ans qu'il sera roi de France. « Pauvre France ! soupire son grand-père Louis XV. Un roi de cinquante-six ans et un dauphin de onze ! »

Ci-contre : Marie-Josèphe de Saxe et son fils Louis, duc de Bourgogne, par Maurice Quentin de La Tour, 1761. L'année même de ce portrait, le duc, de santé fragile, décédera à l'âge de dix ans, laissant une voie royale à son frère Louis Auguste, futur Louis XVI.

Ci-contre : portrait du duc de Berry (à droite), futur Louis XVI, et de son frère, le comte de Provence, par François-Hubert Drouais, 1757. Le duc de Berry n'est à l'époque que deuxième dauphin derrière son frère aîné, le duc de Bourgogne. Le comte de Provence, quant à lui, sera appelé à régner en 1814 sous le nom de Louis XVIII.

Dans l'ombre du duc de Bourgogne

Entre les deux frères Louis-Joseph-Xavier et Louis Auguste, respectivement ducs de Bourgogne et de Berry, c'est le jour et la nuit. Le premier est autoritaire, capricieux, facétieux, vif, arrogant, insolent, charmeur ; c'est lui qui est élevé comme futur roi de France, puisqu'il précède de trois ans son frère. Il en a le caractère et la trempe. Il est le préféré de Mme de Marsan, gouvernante des Enfants de France. Le second est secret, solitaire, lent, taciturne, ingrat, complexé et timide. Sa démarche est gauche – il se dandine –, ses yeux sont doux mais myopes, son regard est fuyant.

Un double déchirement

Parce que, après sa mauvaise chute, le premier est rapidement condamné à vivre dans un fauteuil roulant, on décide de faire « passer aux hommes » le second un an plus tôt que prévu, afin qu'il lui tienne compagnie : Berry quitte alors les jupes de Mme de Marsan pour passer sous l'autorité du duc de La Vauguyon, gouverneur borné et prétentieux des Enfants de France : une éducation rigoureuse et austère doit le préparer aux obligations de la Cour. Il en concevra là encore beaucoup de chagrin.

Si Louis Auguste passe pour être le souffre-douleur de son frère, une réelle affection les lie. La mort du duc de Bourgogne, emporté par la maladie, est un désastre pour le duc de Berry : déjà peu assuré de nature, celui-ci est à présent le survivant d'un frère aîné paré des qualités du futur roi idéal.

L'éducation d'un futur roi

Ci-dessus : Louis XVI travaillant dans sa serrurerie, gravure anonyme de 1775.

De ses parents trop tôt disparus, le jeune Berry retiendra le souvenir d'un couple menant une vie plutôt tranquille. Son père, intelligent et ouvert, mais austère et sévère, désapprouve le comportement de son propre géniteur, le libidineux Louis XV, qui affiche ses maîtresses, notamment celle qu'Adélaïde, Victoire et Sophie, les filles de ce roi jouisseur, qualifient de « Maman Putain », la Pompadour.

Féru de géographie

Même si c'est son frère qui était censé accéder au trône, Berry a reçu dès son enfance une solide éducation : histoire, géographie, topographie, cartographie, connaissances marines, latin, droit, religion, langues vivantes, mathématique, physique, anglais, espagnol, italien, dessin. Ses goûts le portent surtout vers les sciences, la géographie qu'il adorera toute sa vie – il sera expert en cartes et en atlas –, l'histoire et l'anglais, qu'il lit dans le texte. Il est ainsi abonné au *Spectator* et ne cessera de relire l'*Histoire de l'Angleterre* de Hume, notamment le chapitre évoquant la mort de Charles Ier, qui l'a devancé d'un siècle – mais il ne le sait pas encore – sous la lame du bourreau. Il aime aussi exercer ses talents manuels et passe de longues heures dans son atelier à forger des serrures.

Autodidacte en politique

Si elle n'est pas bornée, cette éducation reste malheureusement incomplète, sclérosée, surveillée par des confesseurs moralisateurs : pas de philosophie ni d'éducation militaire, aucun apprentissage du maintien et de l'étiquette, et surtout, aucune initiation aux affaires de l'État, son grand-père le roi Louis XV n'ayant de cesse de le tenir à l'écart des décisions politiques. Ce métier de roi, le jeune Berry ne l'apprendra qu'en solitaire et dans les livres : « M'enfonçant dans l'histoire de France, confiera-t-il plus tard à Malesherbes, je m'imposais la tâche d'éclaircir ses obscurités. Je méditais la législation et les coutumes du royaume ; je comparais la marche des différents règnes ; j'analysais les causes de leur prospérité et de leurs revers. » Ces heures suffiront-elles à compléter une instruction lacunaire en matière politique, à l'heure où s'essouffle la monarchie absolue ?

La promise de Vienne

Pendant ce temps, à la cour de Vienne, l'impératrice veuve Marie-Thérèse rêve de renforcer les liens entre la France et l'Autriche par un mariage, et ce depuis qu'elle a réussi à obtenir l'alliance du roi de France en 1756. La petite Maria Antonia Josepha Johanna, quinzième de ses seize enfants, ferait bien l'affaire : née le 2 novembre 1755, elle a un an de moins que Berry.

La petite Antonia n'est pas vraiment belle, mais elle a du charme et de la grâce : un visage à l'ovale allongé, des yeux pervenche, un nez aquilin, une bouche mutine, un air imposant, un teint de porcelaine et un sourire irrésistible. D'un naturel gai et enjoué, paresseuse et étourdie, et ne songeant qu'à s'amuser, elle a bien du mal à quitter ses jeux d'enfant pour les études que lui impose sa mère sous l'autorité d'un abbé venu de France, l'abbé de Vermont, puisque son destin est scellé : elle sera reine de France.

Ci-dessous : la famille de l'empereur romain germanique François Ier, gouache du XVIIIe siècle. Maria Antonia, future Marie-Antoinette, est la troisième en partant de la gauche, aux côtés de sa mère Marie-Thérèse et de son père François, qui mourra en 1765.

La France et l'Autriche célèbrent leur alliance

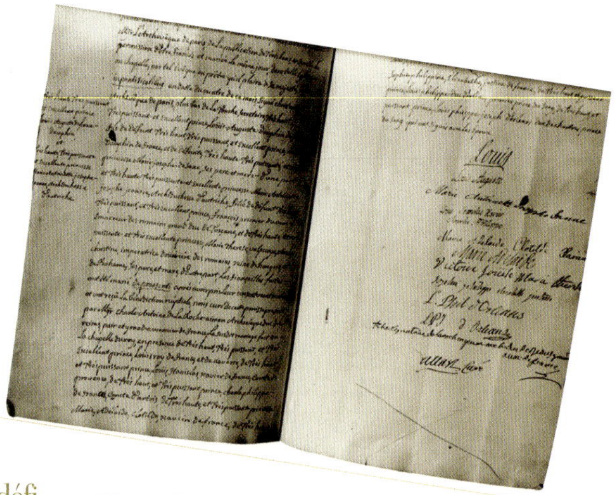

En juin 1769, Louis XV donne son accord définitif pour le mariage de son petit-fils avec la fille de l'impératrice Marie-Thérèse : la cérémonie aura lieu en mai 1770, Antonia aura alors quatorze ans et demi et le Dauphin à peine seize.

Le 16 avril 1770, l'ambassadeur de France fait la demande officielle avec tout le faste protocolaire requis. Le lendemain, la jeune fille renonce à ses droits à la succession maternelle et prête serment, avant d'assister à une fête extraordinaire au palais du Belvédère.

Le 19, le mariage est célébré par procuration : l'impératrice conduit sa fille au pied de l'autel de l'église des Augustins de Vienne où l'un des frères d'Antonia, Ferdinand, remplace le Dauphin.

D'Antonia à Marie-Antoinette

Après avoir écouté jusqu'au dernier moment les recommandations de sa mère, le 21, la jeune fille fait ses adieux au milieu des larmes : elle quitte pour toujours son cher Vienne, ses jeux, son insouciance, sa famille, ses proches. Vingt-quatre jours de voyage l'attendent, ponctués de fêtes à chaque étape. Arrivée à la frontière, dans un pavillon construit pour l'occasion et pourvu, d'un côté, d'antichambres autrichiennes et, de l'autre, d'antichambres françaises, Antonia, troquant sa robe de voyage pour « une robe et un jupon d'étoffe d'or », quitte pour toujours sa suite viennoise pour devenir Marie-Antoinette. S'ouvre alors devant elle un monde inconnu auquel son éducation ne l'a pas préparée, avec de nouvelles mœurs, de nouvelles gens, de nouvelles obligations.

Ci-dessous : l'arrivée de Marie-Antoinette, archiduchesse d'Autriche, à Versailles pour son mariage avec le Dauphin de France, gravure d'époque.

Page de gauche, en haut : *l'acte de mariage signé par les jeunes époux le 16 mai 1770.*

Ci-contre : *Feu d'artifice sur la place Louis XV à Paris à l'occasion du mariage du Dauphin Louis avec l'archiduchesse Marie-Antoinette, gouache d'époque.*

Au lieu de rendez-vous fixé, non loin de Compiègne, Louis Auguste, son père Louis XV et leur équipage attendent la jeune Dauphine. Lorsqu'elle s'élance vers le roi et que, agenouillée, elle lui baise la main en l'appelant « papa », celui-ci tombe sous le charme. Le Dauphin, timide et inhibé, se contente, lui, d'un chaste baiser sur la joue.

« Secourez les plus malheureux »

Le 16 mai, le cortège arrive à Versailles où a lieu le jour même, à la Chapelle royale, la bénédiction des époux. S'ensuivent plusieurs jours de réjouissances à Versailles et à Paris, destinées à éblouir l'Europe entière. Les fêtes sont malheureusement assombries par une épouvantable bousculade provoquant la mort de plus d'une centaine de personnes et de nombreux blessés. Très affecté, le Dauphin, d'une nature généreuse bien que très économe pour sa personne, offre les 6 000 livres qui lui sont allouées chaque mois par le roi : « Je ne puis disposer que de cela, dit-il au lieutenant général de police. Je vous l'envoie. Secourez les plus malheureux. »

« Des fêtes impayables »

Le contrôleur général des finances qualifia à l'époque« d'impayables » les fêtes données en l'honneur des deux époux. Il écrivit : « Coût des fêtes du mariage de Louis et de Marie-Antoinette : 9 millions de livres. À quoi ces sommes faramineuses ont-elles servi ? Réception des ambassadeurs, festin et bal dans l'Opéra royal, présentation de la Dauphine à la cour, représentation du Persée de Lully et d'Athalie de Racine, ballets, illuminations, feux d'artifice…» Il comptabilisa ainsi 30 385 fusées d'artifice, 14 444 cartouches enflammées, 6 820 pots à feu, 90 000 lampions, 603 611 terrines, 4 492 chandelles romaines, 1 841 costumes de théâtre…

« Mon Dieu, nous régnons trop jeunes »

Le 10 mai 1774, à l'âge de soixante-quatre ans, Louis XV s'éteint de la petite vérole (la variole) après avoir demandé pardon à son peuple du scandale de sa vie privée. Louis XVI et Marie-Antoinette, dit-on, se seraient écriés : « Mon Dieu, protégez-nous, nous régnons trop jeunes ! » Mais sur quelle France vont-ils régner ?

Une France prospère, d'abord. En effet, la formidable poussée démographique des dernières décennies en a fait le pays le plus peuplé d'Europe. Après Londres, Paris s'affiche comme la deuxième capitale du monde occidental. Économiquement, une classe moyenne de bourgeois commerçants a émergé et constitue un facteur de stabilité, tandis que les conditions de vie des plus modestes se sont sans aucun doute améliorées.

Un feu prêt à prendre

Mais une France vieillotte, également. Une France qui pratique encore plusieurs dialectes. Une France soumise à une multiplicité de juridictions administratives, militaires et juridiques. Une France artisanale où continuent de régner en maître les corporations et où les techniques agricoles et industrielles restent archaïques. Une France contrastée où certains terroirs riches et quelques grandes villes prospères côtoient des régions rurales misérables. Une France inégalitaire où la disparité des droits, les écarts de niveau de vie et l'injustice fiscale feront bientôt couver un feu prêt à incendier villes et campagnes. Une France, enfin, où continue de sourdre un violent conflit de pouvoir entre monarchie et parlements, malgré le coup mortel que Louis XV leur a porté en 1771 en abolissant la vénalité des hautes charges judiciaires et en instituant une justice gratuite.

L'influence des Lumières

De plus, soufflé par les philosophes des Lumières, un vent de liberté et de modernité gagne certains milieux parisiens qui, sans remettre en cause l'ordre et l'institution monarchiques, diffusent certaines idées nouvelles : aspiration au bonheur individuel, croyance en l'idée de progrès, apologie de la raison et de l'expérience contre la religion et la superstition, remise en cause de l'essence du pouvoir royal et de la monarchie, réflexions sur la souveraineté de la Nation, défense d'un nouveau système éducatif, débats sur des sujets aussi divers que le jansénisme ou la liberté du commerce des grains... Désormais, dans une France certes encore rurale et traditionnelle, certains esprits s'autorisent à parler de tout, y compris de ce qu'on n'a jamais pensé à remettre en cause.

Du côté du pouvoir royal, même si l'image de Louis XV est pour une part ternie, le coup de force qu'il a infligé aux parlements en 1771 a mis le pays sur la voie d'une certaine modernisation. Mais son refus de convoquer les états généraux empêche qu'un pas essentiel soit franchi, celui de la représentation des citoyens, qui aurait pu ouvrir la voie à une monarchie constitutionnelle rénovée mettant fin à la société traditionnellement fondée sur les trois ordres – noblesse, clergé et tiers état.

Le jeune roi de vingt ans, intelligent mais d'une indécision maladive, cultivé mais mal préparé, va-t-il réussir là où son grand-père a échoué ?

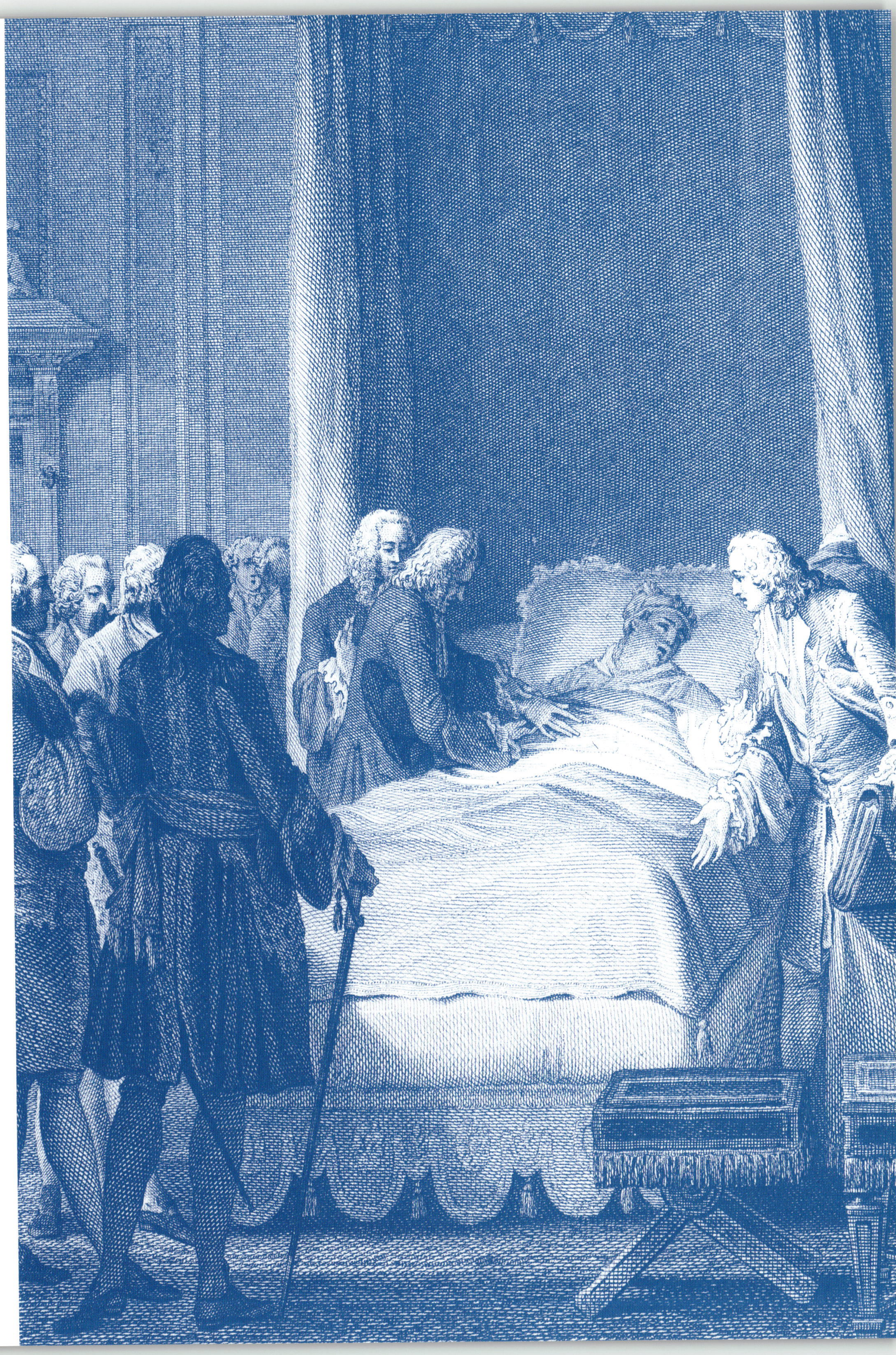

Page de gauche : carte de l'Europe vers 1780. La France que Louis XV lègue à son petit-fils Louis XVI est l'un des pays les plus prospères d'Europe.

Ci-contre : Louis XV alité durant sa maladie, gravure d'époque. Diagnostiquée en avril 1774, la petite vérole emporta le roi le 10 mai suivant…

LE TEMPS DES RÉFORMATEURS

Le règne de Louis XVI est marqué par de nombreuses tentatives de réformes économiques et institutionnelles. Précipitées et audacieuses, celles-ci touchent les fondements mêmes de la société de l'Ancien Régime, prenant souvent le parti du peuple contre les privilégiés.

Ci-contre :
Ouverture des États généraux à Versailles le 5 mai 1789. Peinture d'Auguste Couder, 1839.

Les espoirs d'un sacre

Ci-dessus : portrait de Louis XVI en costume de sacre, par Joseph-Siffred Duplessis, 1777.

Le jour même du décès de Louis XV, le 10 mai 1774, parce qu'on craint que le roi ne contracte la maladie de son grand-père, la cour quitte Versailles et les ministres du roi défunt sont mis en quarantaine – après plusieurs jours d'hésitation, Louis XVI décidera de se faire inoculer la variole, tout comme ses deux frères, Provence et Artois – opération réussie.

Une foule en liesse

L'année suivante, le 9 juin 1775, le roi, la reine et la cour arrivent à Reims pour le sacre. Dans une ville magnifiquement décorée, la foule est enthousiaste et émerveillée – beaucoup de Parisiens se sont déplacés pour cette grande occasion. Même si le sacre ne constitue pas à proprement parler une cérémonie d'investiture – en vertu de la loi salique, l'aîné des enfants mâles succède immédiatement au roi qui vient de mourir –, il sacralise devant le peuple et de façon solennelle son autorité légitime de roi.

Le dimanche 11 juin commence la cérémonie interminable où se succèdent les différents rites du sacre : rituel du réveil, procession du cortège jusqu'à la cathédrale, serments divers, réception des sept onctions, remise des emblèmes du pouvoir – les gants, l'anneau, Joyeuse, l'épée de Charlemagne, la couronne, la main de justice –, couronnement et intronisation. Après la messe, le roi satisfait au rite si ancien du toucher des écrouelles. Le roi et la reine sont conquis : « Il est bien juste que je travaille à rendre heureux un peuple qui contribue à mon bonheur ; je vais maintenant m'en occuper tout entier », écrit le roi.

Le boursier de Louis le Grand

Le retour à Paris est ponctué de fêtes et de discours en l'honneur du couple royal. Au collège Louis-le-Grand, le petit boursier – celui qui, sous la pluie, prononce le discours agenouillé devant la portière du carrosse – fera bientôt parler de lui. Il vient d'Arras et s'appelle Maximilien de Robespierre. Il votera la mort du roi quelques années plus tard et sera le dictateur sanguinaire de la Terreur.

Le rappel des parlements

Lorsqu'il accède au pouvoir, Louis XVI est désemparé : son grand-père Louis XV l'a toujours tenu à l'écart du pouvoir, et les ministres, qu'il ne peut rencontrer pour cause de quarantaine, l'ont toujours considéré comme quantité négligeable. Sa première décision politique sera catastrophique : le 12 novembre 1774, il rappelle les parlements. « Messieurs, déclare-t-il au palais de l'île de la Cité, le roi, mon très honoré seigneur et aïeul, forcé par votre résistance à ses ordres réitérés, a fait ce que le maintien de son autorité et l'obligation de rendre la justice à ses sujets exigeaient de sa sagesse. Je vous rappelle aujourd'hui à des fonctions que vous n'auriez jamais dû quitter. Sentez le prix de mes bontés et ne les oubliez jamais. » Ainsi est fait à Paris, puis en province. Le roi a pourtant hésité. Pourquoi prend-il cette décision qui, si elle suscite l'allégresse, entraînera une succession de bras de fer qu'il finira par perdre, tant ces parlementaires tiennent à leur pouvoir et à leurs privilèges, donc à cette société d'ordres qu'il aurait fallu réformer pour conduire la France vers une monarchie rénovée ? Ce sera sa première erreur. À terme, il ne s'en relèvera jamais.

Ci-dessous : en rétablissant les prérogatives des parlements, Louis XVI affaiblit son autorité et, ainsi, ouvrit la porte à la Révolution française. Ce n'est qu'en novembre 1789 que l'Assemblée constituante (ici, gravure d'époque) mit définitivement les parlements « en vacances ».

Premier gouvernement, premier édit

C'est contre le parti de la reine, qui soutient Choiseul et Sartine, que Louis XVI constitue son premier gouvernement, un cercle ouvert composé d'hommes vertueux répondant aux attentes des intellectuels des Lumières. Avec eux, tout semble réuni pour lancer les réformes dont le pays a tant besoin.

De Malesherbes à Turgot

Nommé secrétaire d'État à la Maison du roi et ministre au Conseil en juillet 1775, Malesherbes, qui ne se réjouit pas vraiment de sa promotion – « À l'exception d'une maladie mortelle, il ne pouvait rien m'arriver de plus funeste », déclare-t-il –, entreprend de réformer les prisons. À la Guerre, Saint-Germain, nommé en octobre, se lance dans une succession de réformes utiles qui rénovent le recrutement des officiers, anéantit les pratiques féodales et aristocratiques qui régissent encore l'armée, ce qui déclenchera le mécontentement des intéressés. Autre domaine à réformer, les finances de la Maison du roi. Ces dernières années, les dépenses n'ont cessé d'augmenter, d'autant qu'à celles de la Maison du roi sont venues s'ajouter celles des maisons des autres membres de la famille royale et des princes du sang, chacun défendant bec et ongles ses intérêts. C'est Turgot qui est chargé de cette tâche ingrate et de bien d'autres. Entouré de ministres remarquables, le roi semble donc tout disposé à réformer ce pays qu'il aime tant !

L'Edit de tolérance

Dans cette perspective de réformes, alors que l'opinion reste hostile aux « hérétiques », Louis XVI revient sur la « faute » de Louis XIV : la révocation de l'édit de Nantes de 1685, qui avait obligé une grande partie des protestants à émigrer, tandis que ceux qui étaient restés se trouvaient dans une situation impossible, ne pouvant exercer leur culte librement, se marier, transmettre leur héritage, accéder aux charges publiques... Officiellement, le protestantisme était alors mort en France.

Un couvent en prière

À l'exception de rares évêques à l'esprit ouvert, l'opinion généralement répandue dans le clergé – le plus puissant des trois ordres, qui tient une place considérable dans les finances de l'État – est d'être intraitable avec les protestants. À cette opposition s'ajoute celle de certains ministres et de la plupart des membres de la famille royale farouchement anti-huguenots. Résultat : lorsque l'édit de tolérance est publié le 17 novembre 1787 sur ordre de Louis XVI, sa tante, madame Louise, met tout son couvent en prière pour éviter que son neveu n'aille en enfer. Sans accorder la liberté de culte ni le libre accès aux charges publiques, cet édit redonne aux protestants la liberté d'exercer divers métiers et surtout la reconnaissance de leur état civil.

Ci-dessous : Louis XVI signant l'édit de Tolérance, esquisse française du XVIIIe siècle.

Après avoir œuvré pour la cause protestante, Malesherbes est chargé d'étudier la possibilité d'étendre l'édit de tolérance aux juifs : « Monsieur de Malesherbes, aurait dit Louis XVI, vous vous êtes fait protestant ; moi, je vous fais juif ; occupez-vous d'eux ! » Mais leur émancipation sera pour un peu plus tard.

Ci-contre : portrait de Chrétien Guillaume de Lamoignon de Malesherbes, gravure du XVIIIe siècle. Déjà conseiller de Louis XV, Malesherbes fut rappelé, à son grand dam, par Louis XVI en juillet 1775, mais démissionna en mai 1776. À la Révolution, il assura la défense du roi, avant de finir guillotiné en avril 1794.

Turgot, ou le trésor au pas de charge

Ci-contre : portrait d'Anne Robert Jacques Turgot, ministre de Louis XVI, gravure d'époque.

En 1774, Anne Robert Jacques Turgot (1727-1781) est nommé ministre de la Marine puis gagne le titre de contrôleur général des Finances. Cet ami de Voltaire, qui s'intéresse très tôt aux questions économiques, a fréquenté les salons et collaboré à l'*Encyclopédie*. Il a passé treize années comme intendant de Limoges, ce qui lui a donné l'occasion de forger ses idées sur la juste répartition de l'impôt, la liberté du commerce et de l'industrie, bref, de se préparer à la lourde tâche qui l'attend.

La guerre des farines

La situation du trésor est en effet désespérée, et Turgot se lance immédiatement dans une chasse aux économies, réussissant à réduire le déficit. Pour éviter les spéculations, il établit la liberté du commerce des grains, ce qui lui vaut une vive hostilité de la part des spéculateurs, mais aussi, indirectement, celle des populations les plus modestes. Car, après deux mauvaises récoltes, les prix des grains et donc du pain, désormais libres, augmentent au printemps de 1775. Turgot en est rendu responsable, et les émeutes se multiplient – c'est la « guerre des farines ». Il réussit à rétablir l'ordre, mais il perd alors un précieux atout : la confiance du peuple.

Vers l'égalité fiscale

En janvier 1776, il accélère le train des réformes libérales en présentant au roi six édits par lesquels il instaure la liberté du travail en supprimant les corporations et abolit la corvée royale, qu'il remplace par un impôt en argent payé par tous les propriétaires fonciers, à l'exception des ecclésiastiques. Ces réformes audacieuses, qui remettent en cause la hiérarchie des ordres et le rôle revenant à chacun d'eux, et prônent l'égalité fiscale, emportent alors le total soutien de Louis XVI, défenseur d'un absolutisme éclairé, mais déclenchent une violente hostilité. Menée par le prince de Conti, cousin du roi, l'opposition rassemble non seulement la noblesse et le clergé, mais aussi les maîtres de corporations, les banquiers et certains proches du roi – ses frères, Provence et Artois, la reine et certains ministres. Par lit de justice, le monarque ne cède pourtant pas aux pressions des parlementaires qui se font les porte-parole des aristocrates et, le 12 mars 1776, les six édits sont enregistrés. Pourquoi, dans ces conditions, Turgot est-il limogé deux mois plus tard ? Désaccord entre les deux hommes sur le conflit qui oppose l'Angleterre à ses colonies américaines, Turgot étant hostile à toute guerre ? Intrigues de la reine et de son parti, que soutient désormais Maurepas, le mentor du roi ? Panique du roi devant l'ampleur des réformes prônées par son ministre, qui en a d'autres sous le coude ? Jalousie ou rivalité entre le roi et son ministre aigri qui adopte avec lui un ton qui ne sied pas ? « M. Turgot veut être moi, dit le roi, et je ne veux pas qu'il soit moi ! »
En désavouant finalement son contrôleur général, le roi va donner satisfaction au parti de la reine, à la cour et aux parlements. Fin d'une première passe d'armes où le roi est le perdant. D'autres suivront.

Ci-contre : *le limogeage de Turgot le 12 mai 1776, lithographie du* XIX*e siècle. Turgot aura cette phrase prophétique à l'adresse de Louis XVI : « N'oubliez pas, Sire, que c'est la faiblesse qui a mis la tête de Charles Ier sur le billot. »*

Necker, le banquier éclairé

Convaincu de la nécessité des réformes et des vertus du libéralisme économique, le roi a aussi mesuré avec Turgot les nombreuses résistances aux changements. Pour lui succéder, il choisit Jacques Necker (1732-1804), ce qui est plutôt inattendu : ce financier ayant fait fortune dans la banque est étranger – genevois – et protestant, il ne peut donc siéger au Conseil du roi ni être nommé contrôleur général des Finances. Pour contourner l'obstacle, on le nomme directeur général des Finances le 29 juin 1777.

Ci-dessous : le rappel de Necker par Louis XVI, le 25 août 1788, gravure d'époque.

La guerre sans impôts

Soutenu par Maurepas, proche conseiller du roi, Necker côtoie depuis longtemps les grands esprits du temps, puisque sa femme tient un salon fréquenté par les encyclopédistes, les philosophes et les scientifiques – leur fille Germaine, future Mme de Staël, s'y formera l'esprit. Pour l'heure, hostile à l'œuvre de Turgot et partisan de changements en douceur, il abandonne toute réforme fiscale et, pour pallier le déficit et financer la guerre d'Amérique, préfère avoir recours à l'emprunt plutôt qu'à une augmentation d'impôts :

– « M. Necker fait la guerre sans impôts », dit-on. Cela ne l'empêche pas de réformer l'administration des finances et de réduire les dépenses de la cour. Afin de limiter les prérogatives extrajudiciaires des parlements, il crée des assemblées provinciales destinées à prendre part à la gestion des affaires, mais qui ne remettent pas en cause la société d'ordres propre à l'Ancien Régime.
En vrai philanthrope, il prend des mesures sociales en créant des dépôts de mendicité et des bureaux de charité, en réorganisant prisons, hospices et hôpitaux où les conditions de vie sont désastreuses – un nouvel établissement dirigé par sa femme est créé, que l'on connaît encore sous le nom d'hôpital Necker.

page de gauche, en haut : *portrait de Jacques Necker, tableau anonyme du XVIIIe siècle.*

Ci-contre : *Necker, le ministre des Finances de Louis XVI, admiré par le clergé, la noblesse et le tiers état, tableau anonyme de 1789. Cette œuvre d'art populaire montre la confiance que les Français ont à l'époque à l'égard des réformes du banquier genevois.*

Par souci de transparence…

Le 19 février 1781, par souci de transparence et pour faire appel à l'opinion publique, il publie le *Compte rendu au Roi* qui, pour la première fois, présente aux Français les comptes de l'État : en fait, il triche sur les chiffres du déficit et de la dette, ce qui n'empêche pas cette brochure de remporter un incroyable succès, puisqu'on en tire cent mille exemplaires.
Si les mesures de Necker suscitent d'abord l'admiration, les frères du roi soutenus par les parlementaires furieux de la création des assemblées provinciales organisent bientôt une cabale au moyen de pamphlets virulents. Ébranlé par le retournement de l'opinion, agacé par son ministre qui a le tort de lui poser un ultimatum, le roi le congédie le 19 mai 1781…
En août 1788, pour tenter d'éviter la banqueroute, le roi le rappellera… sans conviction aucune. « Voici M. Necker roi de France », ironisera Mirabeau. Croyant la France au bord de la guerre civile, Necker annulera toutes les réformes, tandis que l'on se préparera aux États généraux. Son renvoi le 11 juillet 1789 déclenchera les manifestations qui mèneront à la prise de la Bastille : le roi sera contraint de le rappeler une nouvelle fois le 16 juillet. Incapable de reprendre la situation en main, il quittera définitivement les affaires le 3 septembre 1790.

La spirale infernale des finances

Ci-contre : portrait de Charles Alexandre de Calonne, par Johann Heinsius, XVIIIe siècle.

Ci-dessous : l'assemblée des notables, le 22 février 1787 (détail), gravure d'Antoine Auguste Hébert, XIXe siècle.

En 1783, alors que sévit une crise financière liée notamment aux dépenses dues à la guerre en Amérique, Louis XVI nomme un nouveau contrôleur général des Finances : Charles Alexandre de Calonne (1734-1802).

Une apparente embellie

Cet avocat devenu procureur général au parlement de Douai, et qui a révélé de réels talents d'administrateur comme intendant à Metz et à Lille, parvient à rétablir la confiance, et donc à emprunter, en s'attelant à une politique économique efficace : il crée des manufactures royales, incite la noblesse à investir dans l'industrie plutôt que dans la terre ou la rente, engage une politique de grands travaux, relance les dépenses de la cour, négocie un traité de commerce franco-anglais. Et de fait, une apparente embellie économique marque l'ère Calonne, lui permettant d'emprunter pour faire face aux dépenses.

L'assemblée des notables

Mais deux facteurs menacent cette réussite : les inégalités sociales s'aggravent et l'État est au bord de la banqueroute. Calonne décide alors de revoir de fond en comble l'organisation de l'État. Le 26 août 1786, il remet un rapport proposant tout un bouquet de réformes, visant à rationaliser l'État et à valoriser la bourgeoisie tout en attaquant de front les privilèges de la noblesse et du clergé. Devant l'opposition virulente de ces deux ordres, soutenus par les parlementaires, le roi devrait faire un vrai coup de force pour imposer le changement. Mais il préfère convoquer une assemblée de notables choisis par lui… Quand, le 22 février 1787, le roi ouvre la séance à l'hôtel des Menus-Plaisirs où les notables ont bien l'intention de défendre leurs intérêts, le diagnostic consternant de l'état de la France présenté par Calonne fait l'effet d'une bombe. Mais le vrai désaveu de Calonne va venir d'ailleurs : lui et le roi ont en effet l'idée d'en appeler au peuple, en espérant un soutien massif. Il n'en est rien. Une fois encore, pressé par son entourage, le roi finit en avril 1787 par renvoyer son ministre. Calonne s'exile en Angleterre, où il deviendra rapidement l'un des principaux artisans de la contre-Révolution.

Les reculades de Brienne

Louis XVI finit par nommer aux Finances l'archevêque de Toulouse, Loménie de Brienne (1727-1794), qu'il n'aime pas : il lui en veut de s'être vivement opposé à la politique fiscale de Calonne lors de l'assemblée des notables. Brienne reprend le plan de Calonne mais en le dénaturant. Une fois l'assemblée renvoyée par le roi – elle s'oppose à tout nouvel impôt –, Brienne commet l'erreur de soumettre sa réforme au Parlement qui évidemment refuse les édits fiscaux au prétexte qu'ils réclament la convocation des états généraux. Le 6 août 1787, le roi impose sa réforme par lit de justice et fait exiler à Troyes le Parlement qui jugeait illégal cet enregistrement forcé. Lorsque les parlements de province rallient celui de Paris, Brienne accepte de dénaturer sa réforme fiscale, de rappeler le Parlement et de convoquer les états généraux pour 1792, ce qui lui permettra de lancer un emprunt important pour tenter de restaurer les finances. Mais il est trop tard : l'agitation parlementaire s'étend maintenant à la province, et l'argent continue de manquer. Le roi est contraint de convoquer les états généraux pour le 1er mai 1789. Cela ne suffit pas : il faut renvoyer Brienne en août 1788 et rappeler Necker. Découragement et désespoir submergent le roi. Brienne, lui, sera incarcéré sous la Terreur, en 1793, avant de mourir l'année suivante.

Ci-dessous : le lit de justice de Louis XVI, eau-forte d'Abraham Girardet, 1787.

La France s'engage en Amérique

Si le roi ne reçoit jeune aucune éducation militaire ni politique, il est un domaine, où, à l'instigation de son grand-père Louis XV, il bénéficie d'une solide initiation : ce sont les relations internationales. Lorsqu'une guerre s'engage entre l'Angleterre et ses treize colonies d'Amérique du Nord, ce n'est pas une mauvaise affaire pour la France qui voit plutôt d'un œil favorable son ennemi héréditaire s'engager dans un conflit lointain et coûteux. Faut-il pour autant que la France vienne en aide aux *insurgents*, même si l'opinion publique a plutôt rallié leur cause ? Les finances sont loin d'être assainies, la marine et les troupes ne sont pas prêtes. Comme souvent, le roi adopte une position médiane en acceptant de financer secrètement les *insurgents*, mais en interdisant à ses officiers de s'engager. Un certain nombre pourtant désobéissent, dont le plus célèbre, La Fayette, qui devient bientôt le porte-parole de la France.

En guerre contre l'Angleterre

La Déclaration d'indépendance entérinée par le Congrès le 4 juillet 1776 déclenche officiellement la guerre. Et comme les Américains commencent par subir des revers militaires et ont besoin d'alliés, Benjamin Franklin, l'inventeur du paratonnerre, vient présenter au roi un traité commercial, politique et militaire. Il faut attendre que la situation militaire évolue en faveur des Américains, à la fin de 1777, pour que Louis XVI signe et, de ce fait, entre en guerre contre l'Angleterre. Un corps expéditionnaire est envoyé de l'autre côté de l'Atlantique, qui doit être suivi par des renforts. Après plusieurs défaites américaines,

Ci-contre : *la prise de Yorktown, le 19 octobre 1781, tableau d'Auguste Couder, XIXe siècle. Le général français Rochambeau (au centre) donne des ordres, George Washington est à sa gauche, et La Fayette se tient derrière lui, tête nue.*

Ci-contre : *La Fayette proclamé chef de la garde nationale, le 15 juillet 1789. Illustration de Jacques Onfray de Bréville, 1918.*

la victoire franco-américaine de Yorktown permet aux Américains d'engager les négociations de paix avec l'ancien colonisateur. Alors que ce succès est surtout redevable aux Français, les Américains négocient seuls, derrière le dos de leurs alliés, un traité bilatéral. Malgré tout, le roi accepte d'aider encore une fois, au moyen d'un prêt, les Américains dont les finances sont exsangues.

Une victoire au prix fort

L'armistice est signé à Versailles le 3 septembre 1783 dans un climat de liesse, les traités garantissant l'indépendance de l'Amérique et la liberté des mers. D'une certaine façon, la France ne retire pas grand-chose de cette guerre qui lui a beaucoup coûté et – ironie du sort – c'est plutôt l'Angleterre qui tire son épingle du jeu, car, commercialement, elle retrouve rapidement sa suprématie économique en Amérique. En outre, il est probable que, même sans l'aide de la France, les *insurgents* auraient fini par gagner leur indépendance grâce aux immenses ressources de leur territoire et leur extraordinaire croissance démographique. Louis XVI regrettera cet engagement de la France, comme en témoignera cette réplique lorsqu'on lui proposera d'envoyer des soldats français pour chasser les Anglais de l'Inde : « Ceci ressemblerait beaucoup trop à l'affaire de l'Amérique à laquelle je ne pense jamais sans regret. On a un peu abusé de ma jeunesse dans ce temps-là ; nous en portons la peine aujourd'hui. La leçon est trop forte pour l'oublier. »

La Fayette, le héros des deux mondes

Héritier d'un nom prestigieux et d'une immense fortune, Gilbert Motier de La Fayette (1757-1834), marquis de son état, aurait pu mener une carrière toute tracée. Mais il rêve d'épopées, et c'est de l'autre côté de l'Atlantique qu'il va les trouver : en embarquant en avril 1777 pour combattre en Amérique aux côtés des insurgents, *le « héros des deux mondes » se passionne pour les idées libérales, réformatrices et égalitaires, et revient en France auréolé de gloire. Il prône une « révolution sensée » et fait l'apologie d'une monarchie constitutionnelle où la noblesse tiendrait enfin un vrai rôle politique. Proclamé commandant de la garde nationale le 15 juillet 1789, il passera ensuite d'une extrême popularité à une succession de désaveux : incapable de canaliser les violences populaires en octobre, il laissera s'enfuir le roi et sa famille en juin 1791, et un mois plus tard, sera accusé d'avoir permis la fusillade du Champ-de-Mars. Condamné à l'exil en août 1792, celui dont Mirabeau brocardera « l'imbécillité de son caractère, la timidité de son âme et les courtes dimensions de sa tête » sera obligé de fuir la France.*

Le roi défend l'équilibre européen

Comme tous les rois de France, Louis XVI considère que la politique étrangère est son pré carré. En cette fin de XVIIIe siècle, l'équilibre européen est d'autant plus fragile que certains souverains ne cachent pas leurs visées expansionnistes.

Craignant la guerre plus que tout, Louis XVI s'acharnera toute sa vie à éviter les conflits avec ses voisins, même quand ces désirs de conquêtes seront ceux de son beau-frère, Joseph II d'Autriche – bien que très attaché à Marie-Antoinette, le roi, soupçonnant l'influence de sa famille et de l'ambassadeur d'Autriche, Mercy-Argenteau, se méfiera de sa femme.

Un surcroît de prestige

Parce qu'il veut récupérer la Bavière dans son escarcelle, Joseph II entre en guerre en 1778 contre un autre prédateur européen, Frédéric de Prusse. Marie-Antoinette a beau supplier le roi de se mettre aux côtés de son frère, le roi ne cède pas et la France reste en de-

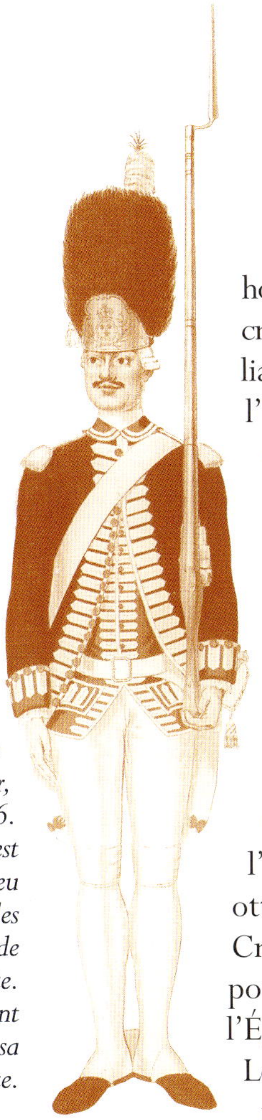

Page de gauche : *la famille impériale d'Autriche, tableau de Heinrich Füger, 1776. Marie-Thérèse est assise au milieu de ses enfants, les frères et sœurs de Marie-Antoinette. Joseph II se tient debout à sa droite.*

Ci-contre : *l'armée française sous Louis XVI, gravures d'époque. En haut, un grenadier du régiment des gardes ; à droite, un officier des hussards.*

hors de ce conflit, ce qui lui vaut un surcroît de prestige : « Nous avons une alliance qui nous unit de bien près avec l'Autriche, mais elle ne nous oblige pas d'entrer dans leur vue d'ambition et d'injustice », écrit-il le 4 février 1778 à son ministre des Affaires étrangères, l'habile négociateur Vergennes.

La paix à toute force

Quelques années plus tard, en 1782, Catherine II de Russie propose à l'Autriche de dépecer l'ancien Empire ottoman. En 1783, elle annexe la Crimée, tandis que Joseph II propose à la France de récupérer l'Égypte. Mais de nouveau le sage Louis XVI décline l'offre : ce n'est pas ainsi qu'il conçoit l'équilibre international. De même lorsque son belliqueux beau-frère menace la Hollande, il intervient pour maintenir à toute force la paix européenne et va même jusqu'à proposer, pour ce faire, de payer à l'Autriche une partie des dommages et intérêts qu'elle réclame aux Provinces-Unies. Cette décision est mal ressentie par l'opinion qui, déjà remontée contre « l'Autrichienne », soupçonne le roi de calmer les ardeurs conquérantes de Joseph II au prix de faveurs financières démesurées.

Contraint à la guerre

Mais le 20 avril 1792, le roi n'aura d'autre choix que de déclarer la guerre au roi de Bohême et de Hongrie. En réalité, à cette date, il sera l'otage de son ministère composé de plusieurs Jacobins qui, à l'unanimité, le contraindront à demander une guerre voulue par l'Assemblée pour des raisons intérieures : ce sera le moyen d'oublier la crise économique qui s'aggrave et de jeter le roi dans la contre-révolution, pour mieux le renverser. Ce que personne ne saura à l'époque, c'est que la France s'engagera alors dans vingt-trois ans de guerres… jusqu'à Waterloo. Louis XVI n'aura pas tort de pleurer en prenant cette décision !

Louis, roi des Français

L'agitation grandit en France.

Face aux pressions, Louis XVI réunit les États généraux qui s'entendent pour rédiger une nouvelle constitution. Le roi ne sera plus le représentant de Dieu sur terre mais le premier représentant du peuple français.

Ci-contre :
Peinture anonyme de 1789 montrant la prise de la Bastille le 14 juillet par les révolutionnaires.

La fronde des parlements et les États généraux

À partir du moment où, dès son accession au pouvoir, Louis XVI a rappelé les parlements, la fronde des magistrats ne cesse plus de couver. La crise éclate lorsque, le 6 août 1787, le roi décide d'entériner par un lit de justice les édits de la réforme Brienne, enregistrement que le parlement de Paris déclare « nul et illégal ». Le roi réagit et exile à Troyes les magistrats dans la nuit du 14 au 15 août, tandis que les édits sont enregistrés, provoquant des émeutes avec morts et blessés. Si étrange que cela paraisse, le peuple, ignorant ses intérêts, se ligue avec les parlementaires contre la monarchie qui, pourtant, veut moderniser l'État et répartir plus équitablement l'impôt.

Ci-contre : portrait de Malesherbes par Jean Joseph François Tassaert, 1793.

Ci-contre : l'ouverture des États généraux à Versailles, le 5 mai 1789, dessin d'époque de Moreau le Jeune.

La réforme de Malesherbes

En mai 1788, afin de museler les pouvoirs des parlements, le garde des Sceaux Malesherbes a préparé une réforme judiciaire radicale qui, d'une part, unifierait la législation sur toute la France et, d'autre part, transférerait leurs pouvoirs à des grands bailliages et à une cour plénière : « Nous sommes au moment de faire de grands changements dans les parlements ; on pense à les borner aux fonctions de juges et à former une autre assemblée qui aura le droit d'enregistrer les impôts et les lois », écrit Marie-Antoinette à son frère Joseph II le 24 avril.

Une agitation qui grandit

La situation est grave : le roi doit céder et rappeler les parlementaires, l'état des finances empire, les prix ne cessent de monter et l'agitation gagne la province, d'autant que la réforme judiciaire du garde des Sceaux Malesherbes commence de se mettre en place. Là encore, le roi doit reculer : le 8 août 1788, il suspend la réforme judiciaire et accepte de convoquer les états généraux pour le 1er mai 1789. « Le Parlement, la noblesse et le clergé ont osé résister au roi : avant deux années, il n'y aura plus ni Parlement, ni noblesse, ni clergé » : Malesherbes ne croyait pas si bien dire !

Pourtant, lorsque les discussions s'engagent sur le mode d'élection des députés, une fois encore le roi s'oppose au Parlement en décidant de doubler la représentation du tiers et d'instaurer le vote par tête, ce qui permettra d'atténuer la surreprésentation du clergé et de la noblesse, part infime de la population. Portés par la liberté d'expression désormais rétablie – les clubs ont été réouverts et la censure levée –, les 60 000 cahiers de doléances expriment des attentes variées sans jamais remettre en cause la monarchie.

Ci-dessus : le serment du Jeu de paume à Versailles, le 20 juin 1789, tableau de Jacques Louis David, 1791. Au centre, monté sur une table, Jean Sylvain Bailly, futur maire de Paris, est le premier à prêter serment.

Le serment du Jeu de paume

L'ouverture des États généraux a lieu le 5 mai 1789 dans des circonstances difficiles pour le roi et sa famille, tous très affectés par l'état de santé du Dauphin, atteint de tuberculose et qui finira par expirer le 4 juin 1789. Très vite, les 291 députés du clergé, les 285 de la noblesse et les 578 du tiers état s'impatientent. Le 20 juin, ayant trouvé fermée la salle des Menus-Plaisirs où ils se réunissaient jusque-là, ils s'installent dans la salle du Jeu de paume où, à une exception près, ils prêtent un serment qui s'apparente à un véritable coup de force : se considérant comme les représentants de la nation, ils s'engagent à ne pas se quitter avant qu'une nouvelle Constitution ne soit rédigée.

« Par la volonté du peuple »

Le 23 juin, le roi leur ordonne de se séparer, ordre qui suscite la désormais célèbre formule de Mirabeau : « Allez dire à ceux qui vous ont envoyé que nous sommes ici par la volonté du peuple et que nous n'en sortirons que par la puissance des baïonnettes. » Le 9 juillet, l'assemblée s'autoproclame « Assemblée nationale constituante » : sans rompre avec la royauté, elle se déclare investie de la souveraineté de la nation. La suite des événements montrera les dangers de ce nouvel absolutisme.

La Bastille, symbole du despotisme

À partir de juin 1789, le roi fait revenir des troupes à Paris et dans les environs afin d'intimider l'Assemblée. La pénurie de pain et la hausse des prix continuent de provoquer des pillages. Le second renvoi de Necker, interprété comme marquant la fin des États généraux, déclenche une émeute que l'armée ne réussit pas à maîtriser.

En haut : les premiers morts de la Bastille, gravure du XIXe siècle.

Ci-dessous : la destruction de la Bastille après son assaut, le 15 juillet 1789, dessin d'époque.

Des têtes au bout d'une pique

Au matin du 14 juillet, pénétrant dans les magasins des Invalides, des manifestants réussissent à s'emparer de fusils et de canons, puis se dirigent vers la Bastille où des munitions ont été entreposées. Très vite, le gouverneur de la prison, Launey, se rend sur la promesse qui lui a été faite qu'on ne ferait aucun mal à ses hommes. Les émeutiers se livrent alors à un pillage en règle de la Bastille, puis se dirigent vers l'Hôtel de Ville où d'autres tentent de récupérer des armes. C'est là que sont massacrés plusieurs hommes, dont Launey : des têtes sont coupées et promenées au bout de piques.

Fuir ou rester ?

Ébranlé par le récit de ce qui s'est passé à Paris, le roi tient le lendemain un discours d'apaisement devant « l'Assemblée nationale », comme il la qualifie lui-même, et ordonne aux troupes de s'éloigner. Il envisage un moment de s'enfuir avec sa famille – la reine a déjà rassemblé ses bijoux et brûlé ses papiers –, mais y renonce : « Je sais que j'ai manqué le moment, c'était le 14 juillet ; il fallait alors s'en aller, et je le voulais, mais comment faire quand Monsieur lui-même [son fils Louis Charles] me priait de ne pas partir… » À l'invitation de Bailly, nouveau maire de la capitale, il accepte de se rendre à Paris où, lorsqu'il paraît aux fenêtres de l'Hôtel de Ville, il est salué par une foule enthousiaste.

La Grande Peur

Quelques jours après la prise de la Bastille, entre le 20 juillet et le 6 août, un vent de panique se propage de façon irrationnelle dans les campagnes. Paysans et errants tenaillés par la faim, hantés par la cherté de la vie, se mettent à incendier et à piller châteaux et abbayes pour y trouver du grain, mais aussi pour faire disparaître toutes les vieilles chartes médiévales, symboles du régime seigneurial : c'est la Grande Peur.

Bailly, premier maire de Paris

Le début de la carrière de Jean Sylvain Bailly (1736-1793), issu d'une dynastie de peintres et gardes des tableaux du roi, n'est pas politique. Membre de l'Académie des sciences puis de l'Académie française, ce savant passionné rédige plusieurs ouvrages d'astronomie.

Ce sont les États généraux qui vont le faire bifurquer vers la politique : élu le 12 mai 1789 premier député de Paris pour le tiers état aux États généraux, il devient président de l'Assemblée nationale. Il est ainsi le premier à prêter le serment du Jeu de paume. Élu maire de la Commune de Paris après la prise de la Bastille, c'est lui qui convainc le roi de venir jusqu'à Paris pour rassurer les Parisiens. Le roi est alors reçu par lui à l'Hôtel de Ville où Bailly lui tend une énorme cocarde tricolore : « Sire, lui dit-il, j'ai l'honneur d'offrir à Votre Majesté le signe distinctif des Français. »

Les choses se gâteront pour lui lorsque, le 17 juillet 1791, voulant calmer l'agitation de ceux qui réclament la déchéance du roi, il proclamera la loi martiale et fera tirer les gardes nationaux sur les manifestants du Champ-de-Mars. Devenu impopulaire, il démissionnera. Il sera arrêté en 1793 et, après un procès bâclé, guillotiné.

Ci-contre : *Jean Sylvain Bailly, premier maire de Paris, tableau d'époque. Arrêté en juillet 1793, Bailly fut exécuté le 12 novembre suivant, vers 13 heures. « Tu trembles, Bailly ? », lui demanda le bourreau. « Oui, mais c'est de froid », répondit-il…*

Des privilèges aux droits de l'homme

Dans la nuit du 4 août 1789, un nouveau pas est franchi : tous les privilèges sont abolis. Au départ, l'idée est de supprimer les droits fiscaux et judiciaires des seigneurs sur leurs terres. Mais en quelques heures, un vent de surenchère balaie l'Assemblée nationale : « droits de chasse ou de garenne », « dîmes de toute nature », « vénalité des offices de judicature et de municipalité », « droits casuels des curés de campagne », tout y passe.
Rédigé le 11 août, le décret relatif à l'abolition des privilèges se conclut en garantissant que « l'Assemblée nationale se rendra en corps auprès du Roi, pour présenter à Sa Majesté l'arrêté qu'elle vient de prendre ». Aussitôt fait… Mais Louis XVI, dans un premier temps, refuse de signer ce décret qui, de fait, dépouille le clergé et la noblesse – mais aussi les corporations ou les villes – de tous leurs droits. C'est contraint et forcé qu'il finira par obtempérer le 5 octobre, quand une foule en furie se pressera aux grilles de Versailles.

Un joyau sorti de l'anarchie

Entre-temps, un autre grand débat aura secoué l'Assemblée nationale. C'est en effet dans ce climat d'anarchie que va naître un joyau, la Déclaration des droits de l'homme et du citoyen. Sous la présidence de Mirabeau, l'Assemblée en rédige les dix-sept articles, qu'elle adopte le 26 août, et qui servent de préambule à la nouvelle Constitution. Imprégnée des principes philosophiques issus des Lumières, la Déclaration reconnaît « les droits naturels, inaliénables et sacrés de l'homme ».
Le 2 octobre, l'Assemblée soumet au roi la Déclaration des droits de l'homme et les dix-neuf premiers articles de la Constitution où sont définis les pouvoirs de chacun et réaffirmés la souveraineté absolue de la nation et la subordination du roi à la loi. À une chambre unique revient le pouvoir législatif, le vote des impôts et des emprunts publics. Le roi, déclaré inviolable et sacré, conserve le pouvoir exécutif et dispose d'un veto durant six ans. Là encore, le roi n'a pas le choix : il doit accepter en bloc ces nouveaux principes.

Mirabeau, partisan d'une monarchie constitutionnelle

La vie d'Honoré Gabriel Riqueti, comte de Mirabeau (1749-1791), fils d'un marquis provençal passionné d'agronomie et d'économie, est pour le moins tumultueuse : adultères, procès, dettes, séjours en prison, exils font du début de sa vie un vrai roman. Mais, après les femmes qu'il séduit malgré sa légendaire laideur, son autre passion, c'est d'écrire : il se rêve philosophe, écrivain, et rédige mémoires sur mémoires, dont il n'est pas toujours l'auteur. Avec la Révolution s'ouvrent pour lui les portes de la gloire : il devient alors le personnage le plus brillant de l'Assemblée nationale, où il s'est fait élire comme représentant, non de la noblesse, mais du tiers état. Son talent ne tient pas aux idées qu'il emprunte souvent à d'autres, mais à son énergie, son intuition, son sens du théâtre. Au marquis de Dreux-Brézé chargé de disperser les députés au nom du roi, il lance une apostrophe un peu bricolée par la postérité : « Allez dire à ceux qui vous ont envoyé que nous sommes ici par la volonté du peuple et que nous n'en sortirons que par la puissance des baïonnettes. »

On l'a accusé de double jeu, conseillant contre force pactoles la famille royale et rêvant de devenir ministre – il est interdit aux députés de devenir ministres –, mais œuvrant en même temps à la mise à la disposition de la nation des biens du clergé. Mais c'est aussi qu'il est favorable à une monarchie constitutionnelle à l'anglaise, car, pour lui, la Révolution est faite dès 1789 puisqu'elle a établi la souveraineté du peuple et l'égalité des citoyens devant la loi.

Lorsqu'il mourra brutalement en avril 1791, son corps sera transporté en grande pompe au Panthéon. Il en sera enlevé après la découverte aux Tuileries de l'« armoire de fer » contenant, entre autres, les lettres qu'il écrivait au roi.

Page de gauche : *la Déclaration des droits de l'homme et du citoyen, dans sa version du 10 août 1793.*

Ci-contre : *Mirabeau et Dreux-Brézé, tableau de Joseph-Désiré Court, 1789. Lors de la séance des États généraux du 23 juin 1789, Mirabeau (à droite) renvoya le marquis de Dreux-Brézé, chargé de disperser l'assemblée sur ordre de Louis XVI.*

Les femmes marchent sur Versailles

Ci-dessous : la marche des femmes sur Versailles, le 5 octobre 1789, gravure d'époque.

Deux jours mouvementés vont être décisifs : les 5 et 6 octobre 1789. Le 5 tôt le matin, des femmes envahissent l'Hôtel de Ville pour réclamer du pain. Après un pillage en règle, elles décident d'aller jusqu'à Versailles, bientôt rejointes par des agitateurs et des mécontents équipés d'armes hétéroclites – bâtons, fusils, couteaux, piques. Arrivée dans l'après-midi, la troupe se heurte aux grilles fermées, avant qu'une délégation soit reçue par le roi. On lui réclame du pain et, en signe d'apaisement, il fait venir du grain. Puis, quand une délégation de l'Assemblée soumet la Déclaration des droits de l'homme et la Constitution à sa sanction, il la lui accorde. Un peu plus tard encore, La Fayette, qui avait rassemblé vingt mille hommes de la milice nationale pour défendre le roi, arrive enfin à Versailles. Louis XVI le reçoit et tient un discours apaisant devant deux cents députés venus jusqu'au château.

« À mort l'Autrichienne ! »

Le lendemain matin, vers 6 heures, un petit groupe d'insurgés réussit à pénétrer dans le château par une porte restée inexplicablement ouverte. Prévenue, la

Ci-contre, en bas : le prêtre réfractaire, illustration tirée de l'ouvrage Les Français sous la Révolution, *de A. Challamel et W. Ténint, 1843.*

reine rejoint les appartements du roi par un passage secret. Il faut prendre une décision : s'enfuir ? La foule, en armes, crie dans la cour de Marbre : « Le roi à Paris ! » et « À mort l'Autrichienne ! » C'est alors que La Fayette fait ouvrir une fenêtre et apparaît à la foule, qui l'acclame et réclame le roi. Celui-ci s'avance : « Vive le roi ! », crient les émeutiers qui, bientôt, veulent aussi la reine. La Fayette convainc Marie-Antoinette et l'entraîne avec lui sur le balcon. Les cris de haine cessent immédiatement. Bientôt entouré des siens, le roi promet au peuple d'aller à Paris avec toute sa famille. « Je sens que nous ne reviendrons plus ici, lâche alors la reine, inquiète. Mes pressentiments ne m'ont jamais trompée. » De fait, le roi et toute sa famille se retrouvent prisonniers du peuple.

Le boulanger, la boulangère et le petit mitron

Pour « le boulanger, la boulangère et le petit mitron », comme les appellent certains badauds parce qu'on a réquisitionné quelques chariots de blé dans Versailles, le voyage à Paris est éprouvant et l'installation aux Tuileries précaire, car rien n'a été prévu pour leur arrivée. Puis, peu à peu, la vie s'organise. Face aux débordements du peuple, les tenants d'une monarchie constitutionnelle comprennent qu'ils ont intérêt à protéger la dignité du pouvoir royal, et c'est la raison pour laquelle ils laissent la famille royale reconstituer un semblant de vie de cour.

La constitution civile du clergé

Le 12 juillet 1790, l'Assemblée adopte la Constitution civile du clergé qui bouleverse l'organisation de l'Église de France : diocèses calqués sur les départements, suppression des dignités ecclésiastiques, élections des curés et des évêques, comme n'importe quel autre fonctionnaire, avec obligation de prêter serment « à la Nation, à la Loi et au Roi ». L'Église se divise alors, avec d'un côté les assermentés, majoritairement les simples curés excommuniés par le pape Pie VI et de l'autre les réfractaires. Le statut des prêtres réfractaires se durcit encore un peu plus quand des mesures d'exil, d'emprisonnement, et même de déportation sont prises par la suite.

La fête de la Fédération

Pour fêter le premier anniversaire de la prise de la Bastille, La Fayette, commandant de la garde nationale de Paris, décide d'organiser sur le Champ-de-Mars une fête nationale de la Fédération, qui doit être la fête de la réconciliation et de l'unité de tous les Français. Dès le 13 juillet 1790, le roi est acclamé lorsqu'il passe en revue les troupes de gardes nationales venues des départements.

Fidélité à la Nation

Le lendemain, après les défilés des troupes le matin, une fois la famille royale arrivée, une messe est célébrée par Talleyrand sur l'autel de la patrie. Puis, au nom des gardes fédérés, La Fayette prononce le premier le serment : « Nous jurons de rester à jamais fidèles à la Nation, à la loi et au roi, de maintenir de tout notre pouvoir la Constitution décrétée par l'Assemblée nationale et acceptée par le roi, et de protéger conformément aux lois la sûreté des personnes et des propriétés, la circulation des grains et des subsistances dans l'intérieur du royaume, la prescription des contributions publiques sous quelque forme qu'elle existe, et de demeurer unis à tous les Français par les liens indissolubles de la fraternité. »

« Moi, roi des Français »

C'est ensuite au tour du roi : « Moi, roi des Français, je jure à la Nation d'employer tout le pouvoir qui m'est délégué par la loi constitutionnelle de l'État à maintenir la Constitution décrétée par l'Assemblée nationale et acceptée par moi, et à faire exécuter les lois. » Puis la reine se lève et montre le Dauphin : « Voilà mon fils, il s'unit, ainsi que moi, aux mêmes sentiments. » La famille royale rentre sous les ovations aux Tuileries.

Ci-contre : *La fête de la Fédération, tableau de Charles Thévenin, 1792. Dans cette œuvre monumentale (1,27 x 1,83 m), Thévenin sut recréer toute l'effervescence de cette journée historique, en représentant tous ses acteurs majeurs. En médaillon, détail de Louis XVI prêtant serment.*

Une famille au cœur des affaires

Solitaire, aimant la chasse et la serrurerie, Louis XVI ne s'occupe guère des histoires de cour. Mais celles-ci vont le rattraper, orchestrées par toute une volée d'intrigants et, parfois, par la reine Marie-Antoinette elle-même.

Ci-contre :
Dans le salon de madame Geoffrin, d'Alembert, Diderot, Malherbes et Turgot écoutent la lecture de l'Orphelin de la Chine *de Voltaire. Tableau d'Anicet-Charles-Gabriel Lemonnier, 1755.*

L'empêchement du roi

Ci-dessus : Marie-Antoinette et ses enfants, par Élisabeth Vigée-Lebrun, 1787.

En haut, à droite : un médecin de la cour de Louis XVI, gravure d'époque.

On a beaucoup glosé et ricané, on s'est aussi beaucoup inquiété, en France et jusqu'à Vienne, de « l'empêchement » du Dauphin devenu roi entre-temps. « Mon petit-fils n'est pas fort caressant », avait dit Louis XV, et l'impératrice Marie-Thérèse ne cessait de recommander à sa fille de « redoubler ses caresses ». À dire vrai, Louis et Marie-Antoinette, si jeunes lorsqu'ils se marient, ont tous deux reçu une éducation puritaine, et si lui est d'une timidité maladive, elle n'est pas d'une sensualité débridée.

Quinquina, fer et perlimpinpin

À deux reprises, le roi consulte la faculté : aucun défaut physique n'empêche la consommation du mariage. On lui prescrit bains, potions, pastilles de quinquina, limaille de fer et autres poudres de perlimpinpin. Rien n'y fait. Avec la grossesse de la princesse d'Artois, la situation s'aggrave, car, au-delà des pamphlets et des chansons satiriques qui se multiplient, c'est la question de la succession au trône qui se pose et inquiète au premier chef la maison d'Autriche.
La rumeur selon laquelle le roi serait atteint d'un phimosis est telle que Louis XVI en vient à déclarer à la reine qu'en dépit de ce que disent les médecins, il finira par subir l'opération. En fait, l'empêchement n'est pas là où l'on croit, mais chez la reine qui s'est bien gardée d'avouer à quiconque une « étroitesse du chemin » et qui, en plus, aime trop ses fêtes et sa liberté pour risquer de tomber enceinte. Cette situation est plus qu'embarrassante pour le roi, car c'est lui qu'on déclare impuissant : impuissant au lit ne signifie-t-il pas impuissant en politique ? C'est ce que laissent entendre les mauvaises langues.

Un émissaire venu d'Autriche

Quel rôle joue Joseph II, venu à Versailles en cachette pour convaincre la reine sa sœur de son devoir d'assurer une descendance au roi de France ? On n'en sait rien exactement. Il est sûr qu'il a dû brandir la menace d'une répudiation. Toujours est-il que, le 30 août 1777, Marie-Antoinette écrit à sa mère : « Je suis dans le bonheur le plus essentiel pour toute ma vie. Il y a déjà plus de huit jours que mon mariage est parfaitement consommé ; l'épreuve a été réitérée, et encore hier plus complètement que la première fois. »

Enfin, une descendance

Ci-dessous : *la naissance du dauphin Louis Charles à Versailles, le 27 mars 1785, gravure d'époque.*

Le 19 décembre 1778, la reine accouche, en public, d'une fille, Marie-Thérèse Charlotte. Le roi, bon père, espérait un fils… qui arrive enfin le 22 octobre 1781, Louis Joseph : « Madame, vous avez comblé mes vœux et ceux de la France ; vous êtes mère d'un dauphin ! » Un second fils suit le 27 mars 1785, Louis Charles, duc de Normandie, qui connaîtra le destin tragique que l'on sait. Pour finir vient une autre fille, le 9 juillet 1787, Sophie, pas tout à fait normale, qui meurt à moins d'un an.

Chaque naissance donne lieu à des réjouissances dans toute la France : bals, distributions d'aumônes, remises de peine, feux d'artifice, Te Deum, fontaines de vins… Plus amoureux que jamais, le roi offre à Marie-Antoinette des cadeaux somptueux, tel le château de Saint-Cloud. Car la succession est ainsi assurée, au grand dam de ses frères, Provence et Artois, qui voient disparaître leurs chances d'accéder au trône. C'est compter sans les méandres de l'histoire !

Marie-Antoinette, l'insoumise

Ci-contre : *Marie-Antoinette, reine de France, gravure du XIXᵉ siècle.*

Ci-dessous : *caricature du XIXᵉ siècle, montrant la « mode extravagante des perruques sous Marie-Antoinette ».*

En devenant reine de France alors qu'elle n'a même pas quinze ans, Marie-Antoinette fait irruption dans un monde bien éloigné de celui de sa jeunesse à Vienne. Sa frivolité, son goût de la liberté et son refus des conventions lui font oublier les devoirs qui sont ceux d'une reine, et vont très rapidement lui attirer les reproches de la cour.

La passion des dépenses

À cette insouciance s'ajoute une passion ruineuse pour les robes, les bijoux et les chapeaux somptueux et invraisemblables qui font la fortune de ses fournisseurs, mais coûtent des sommes astronomiques à un roi aussi économe que sa femme est dépensière, passion qui, à partir des années 1780, laisse la place à un excès de simplicité tout aussi intolérable. Car ni l'un ni l'autre ne conviennent. Pas plus sa passion pour les courses et les jeux où, dans ces temps difficiles de déficit chronique, elle engloutit des sommes folles prises sur la cassette personnelle du roi.

De la petite moqueuse à l'Autrichienne

Bien évidemment, la riposte ne va pas tarder. La reine suscite bientôt une haine féroce : les filles de Louis XV, Mesdames Tantes, dévotes et vieillissantes, hostiles à l'alliance avec Marie-Thérèse, sont les premières à l'appeler l'Autrichienne. Contrairement au comte d'Artois qui partage ses goûts pour le jeu et le luxe, son beau-frère Provence ne l'aime guère, et elle le lui rend bien. Et puis elle s'attire bientôt les rancœurs des courtisans aux noms illustres qui se sont depuis si longtemps pliés aux rituels de la cour qu'elle refuse et à qui la « petite moqueuse » inflige des remarques désobligeantes : dès son arrivée à la cour, elle raille les vieilles douairières qu'elle a surnommées les « siècles » ou les « collets montés », et appelle sa dame d'honneur, la comtesse de Noailles, « Mme l'Étiquette ».

La cour déserte Versailles

L'attitude de Marie-Antoinette et la franche hostilité qu'elle déclenche en retour expliquent en partie la désaffection que va subir Versailles de la part des courtisans. Ceux-ci désertent de plus en plus les lieux au profit d'une vie mondaine parisienne, pour n'y revenir que les jours de spectacles ou de bals : l'étiquette et les carcans versaillais commencent de paraître désuets et pesants en regard de la liberté qui règne dans la capitale.

Il est aussi possible aussi que la timidité du roi, son manque d'aisance, son désintérêt pour l'étiquette et le faste, son inclination pour la chasse et les passe-temps solitaires – serrurerie, horlogerie –, son goût d'aller aider les ouvriers travaillant au château aient contribué à cette fuite de la cour et entraîné du même coup une diminution du prestige de la monarchie : « Sire, lui déclare son premier valet de chambre, quand le roi fait l'ouvrage du peuple, le peuple s'empare des fonctions du roi ! » Évidemment, la cour ne tarde pas à railler ces passe-temps indignes d'un roi. Quel monde entre Louis XVI et Louis XIV où tout avait été mis en place pour magnifier le souverain et donc la France !

Ci-dessous : plaque de porcelaine représentant Louis XVI à la chasse, XVIIIe siècle.

Ci-contre : *Marie-Antoinette et la cour à Versailles en 1775, tableau de Fabien Gautier d'Agoty, XVIIIe siècle.*

La reine chef de clan ?

On a beaucoup reproché à Marie-Antoinette de s'être constitué un cercle rapproché d'intimes qui l'isole bientôt du reste de la cour : aux princesses de Lamballe et de Guéménée, à Mme Dillon et, surtout, à sa chère comtesse de Polignac s'ajoutent des hommes pleins d'esprit dont certains, disent les mauvaises langues, sont ses amants : Coigny, Esterhazy, de Guines, Besenval, Lauzun, Artois, le prince de Ligne… À ses amis et aux amis de ses amis, la reine attribue les charges et les pensions qu'ils espèrent, suscitant chez les courtisans jalousies et rancunes tenaces : jusqu'à maintenant, seul le roi s'attachait la haute noblesse en leur distribuant récompenses et bienfaits, les tenant ainsi en laisse.

Jalousies et rancunes

À tous les mécontents s'ajoutent ceux qui, en politique, font les frais de son antipathie, car la reine se mêle de prendre parti, manipulée par son cercle d'amis et par sa mère l'impératrice. Marie-Thérèse la fait espionner par Mercy-Argenteau et Vermond, ce précepteur venu parfaire son éducation à Vienne : en la traitant d'Autrichienne, l'opinion l'accusera de défendre les intérêts de sa patrie. Quant à la plupart des proches de la reine, ils se servent de leur intimité avec elle pour intriguer et tenter d'influer sur les nominations et les renvois des ministres, et plus généralement sur les décisions du roi. Marie-Antoinette devient ainsi le jouet d'une volée d'intrigants.

L'énigme Axel Fersen

C'est au bal de l'Opéra de Paris, le 30 janvier 1774, que, masquée, Marie-Antoinette rencontre pour la première fois le comte Axel Fersen, héritier de l'une des plus prestigieuses familles de Suède. Comme beaucoup d'aristocrates de l'époque, il achève alors son « Grand Tour ». Quelques années passent et, en août 1778, Fersen lui est présenté une seconde fois : « Ah ! C'est une ancienne connaissance », lâche-t-elle alors...

« Je ne veux être à personne »

À partir de cette date, Fersen devient un habitué des petits cabinets de la reine – il est de tous les bals, de tous les soupers, de tous les jeux. Pourtant, rêvant de gloire militaire, il quitte la reine qu'il laisse désemparée, pour combattre l'Angleterre puis gagner l'Amérique. À son retour, la passion de la reine ne s'est pas apaisée, bien au contraire, et peut-être deviennent-ils amants – certains ont prétendu que le duc de Normandie était le fils de Fersen –, Marie-Antoinette s'étant fait aménager dans ses résidences un certain nombre de retraites privées. Mais personne ne peut l'attester, même si certaines déclarations de Fersen peuvent être interprétées en faveur d'une liaison : « Je ne puis être à la seule personne à qui je voudrais être, la seule qui m'aime véritablement, aussi je ne veux être à personne », déclare-t-il à sa sœur en juillet 1783.

Une correspondance secrète

À partir de septembre de la même année commence entre eux, dans le plus grand secret, une correspondance où la reine apparaît sous le nom de Joséphine. Elle leur permettra d'échanger lors des nombreux déplacements du beau Suédois qui, par ailleurs, multiplie les conquêtes amoureuses. De cette correspondance et du journal intime de Fersen dont il ne reste que peu de chose, on ne peut rien conclure de façon assurée, sinon qu'ils furent intimes et que Fersen fut le grand amour de Marie-Antoinette. Mais furent-ils amants ? La mort a emporté pour toujours leur secret.

Ci-dessous : portrait d'Axel Fersen, par Lorenz Pasch le Jeune, XVIIIe siècle. Les liens de Fersen avec la reine furent assez forts pour que ce dernier organise la fuite de la famille royale en juin 1791...

L'affaire du Collier

Depuis toujours, la reine était en froid avec le cardinal de Rohan, ancien ambassadeur de France à Vienne : elle savait qu'il avait percé à jour l'attitude « faux jeton » de sa mère au sujet du dépeçage de la Pologne, et Marie-Thérèse, choquée de la vie dissolue qu'il menait dans sa ville, l'avait fait rappeler. Le contentieux était donc sévère.

Cherchant surtout à soutirer de l'argent au cardinal, une véritable intrigante, la comtesse de La Motte, se met en tête d'obtenir de la reine le retour en grâce de Rohan : elle fait rédiger par son amant de fausses lettres signées « Marie-Antoinette de France », où la « reine » laisse espérer une réconciliation – le cardinal aurait dû se méfier, car comme tous les souverains la reine signe toujours de son seul prénom. La Motte organise même le soir du 11 août 1784, au bosquet de Vénus, un faux rendez-vous entre le cardinal et la « reine », en fait une prostituée.

Ci-contre : *celui par qui le scandale arriva, le collier de Marie-Antoinette, gravure de 1765.*

Page de droite, en bas : *Marie-Antoinette prie Louis XVI de demander des explications au cardinal de Rohan, illustration de 1850.*

Une parure de 2 800 carats

La Motte a alors l'idée d'une faramineuse escroquerie. Comme toute la cour, elle sait que le joaillier du roi, Böhmer, a gardé sur les bras un fabuleux collier de 2 800 carats qu'il a essayé, en vain, de fourguer aux souverains. Le 28 décembre 1784, elle se porte acquéreuse du collier pour la reine qui, dit-elle, ne pouvant l'acquérir ouvertement, a besoin d'un intermédiaire, Rohan, qui sera ensuite remboursé en quatre versements de 400 000 livres. Le cardinal hésite, mais, après avoir consulté Cagliostro qui l'encourage, il signe les quatre traites et se fait livrer le bijou qu'il remet à La Motte.

Les pierres, immédiatement démontées, sont vendues à des bijoutiers qui flairent l'arnaque, mais finissent par les acheter, tandis que le joaillier et le prélat, bernés, attendent le paiement de la première échéance.

Inquiet, Böhmer demande à être reçu par Mme Campan, la première femme de chambre de la reine, qui ne comprend rien à ce qu'il lui raconte, pas plus que la reine lorsqu'elle la met au courant. La reine charge alors le baron de Breteuil, ministre de la Maison du roi et accessoirement

ennemi du cardinal, de mener une enquête. L'escroquerie est vite découverte.

Ci-dessus : *les protagonistes de l'affaire du Collier, gravure d'époque.*

L'arrestation de Rohan

Le 14 août, le roi est prévenu et somme Rohan de s'expliquer. Quand le roi l'informe qu'il va être arrêté, le cardinal supplie qu'on lui épargne cette humiliation. En vain ! Dans la galerie des Glaces bondée, il est arrêté le 15 août et condamné à rembourser les sommes dues en vendant ses propres biens.

À tort, le roi confie le jugement au Parlement de Paris qui acquitte Rohan, condamne La Motte à la prison à perpétuité après avoir été marquée au fer rouge, son mari aux galères à perpétuité et son amant au bannissement. La prostituée et Cagliostro sont relaxés. Indignée qu'on ait pu imaginer qu'elle se livre à toutes ces manigances, la reine est outragée, et le roi, convaincu de la culpabilité du cardinal, le révoque de sa charge, le radie de l'ordre du Saint-Esprit et l'exile.

Tous ligués contre le trône

L'opinion publique, elle, comme le Parlement, ne veut pas croire à l'innocence de la reine et se déchaîne : accusée depuis longtemps de ruiner les finances, elle est maintenant accablée des pires crimes dans d'infâmes pamphlets tissés de calomnies. En avance de quelques années sur la Révolution, cette affaire fait prendre la mesure de la force de l'opinion publique où, situation totalement inédite pour la monarchie, l'aristocratie, la robe et le peuple se liguent contre le trône.

L'affront du *Mariage de Figaro*

Décidément, l'année 1784 n'épargne pas la famille royale dans ses rapports avec la cour et l'opinion. C'est cette année-là aussi que choisit un ardent défenseur du peuple, vengeur de sa misère, pour faire vaciller la monarchie sur ses bases. Personnage complexe que ce Beaumarchais, ancien professeur de harpe de Mesdames, journaliste, écrivain et affairiste qui, dans le but de gagner beaucoup d'argent, s'échine à convaincre le roi de s'engager dans la guerre de l'Indépendance – il deviendra ainsi le fournisseur officiel de l'armée.

Ci-contre : *portrait de Pierre Augustin Caron de Beaumarchais, par Jean Marc Nattier, 1755.*

Ci-dessous : Le Mariage de Figaro, *acte V, gravure de Liénard, 1785.*

« La peine de naître et rien de plus »

Après l'immense succès remporté par son *Barbier de Séville*, il lance un pavé dans la mare de l'ordre social et des institutions, avec son *Mariage de Figaro* stigmatisant les privilèges des aristocrates : « Qu'avez-vous fait pour tant de bien ? Vous vous êtes donné la peine de naître et rien de plus. »

Le roi, qui comprend tout de suite les enjeux politiques du texte, oblige Beaumarchais à faire des coupes – en réalité, celui-ci ne modifie pratiquement rien. Sous la pression de la reine et de son clan, Louis finit par permettre que la pièce soit donnée à la Comédie-Française le 27 avril 1784. C'est un triomphe.

Une réaction conservatrice ne tarde pas avec des manifestes auxquels Beaumarchais réplique. Le ton monte, le roi lui-même se sent visé. Poussé par son frère Provence, il le fait arrêter et emprisonner à Saint-Lazare… où il est en fait fort bien traité ! Au bout de cinq jours, on le prie de bien vouloir en sortir. Il fait sa mauvaise tête : « La liberté ? Je la refuse. Je n'ai point mérité de la perdre. Je ne dois sortir que jugé et justifié. » C'est le monde à l'envers : il faut le forcer à quitter sa geôle.

Le désaveu de la reine

Marie-Antoinette, quant à elle, a choisi son camp : non contente de jouer le *Barbier de Séville* dans son petit théâtre avec sa « troupe des seigneurs », elle reçoit Beaumarchais à Trianon, désavouant ainsi totalement son époux le roi.

Ci-contre : vue du Tapis vert à Versailles, tableau d'Hubert Robert, 1775. Louis XVI et Marie-Antoinette sont au premier plan. Les promenades royales font partie des mille et un détails quotidiens que Louis XVI consigne dans son journal.

Ci-dessous : page du carnet de Louis XVI pour le mois de juillet 1789.

Le journal du roi

Des 344 pages rédigées par Louis XVI entre le 14 janvier 1766, lors du service religieux en mémoire de son père, et le 31 juillet 1792, on s'est beaucoup moqué, imaginant qu'il s'agissait là d'un journal intime ou de la chronique du règne. Or, ce fut seulement un simple carnet de chasse qu'il rédigeait chaque mois après avoir pris des notes au brouillon.

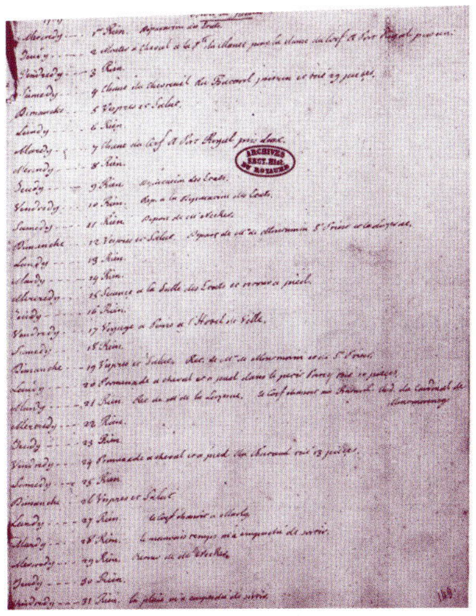

Le 14 juillet 1789 : « rien »

Quant au mot « rien » que l'on trouve à plusieurs reprises, il signifiait simplement que ce jour-là le roi n'avait pas chassé. C'est ainsi que le soir du siège de la Bastille, comme il n'avait pas chassé, il inscrivit sur son carnet : « Rien ». De ce « rien » et de quelques autres à des dates clefs de la Révolution, on conclut, à tort, que le roi était un parfait imbécile et un total inconscient.

Ces brèves notations concernant ces parties de chasse – nombre et sortes d'animaux tués – sont parfois complétées de la brève mention d'un événement – mort d'un proche, événement politique – et d'indications chronologiques sur les déplacements de la cour dans les différents châteaux, les spectacles et les revues militaires auxquels il assiste, les événements familiaux, les remèdes que lui prescrivent ses médecins, ses promenades.

Scrupuleux comptes rendus

Louis XVI a ainsi la manie de tout consigner, non seulement dans ces carnets, mais aussi dans toutes sortes de registres où il note soigneusement ses différentes dépenses – pensions, achats personnels, pertes et gains au jeu, sommes données à la reine. Ni insensible ni stupide, le roi est plutôt un maniaque des chiffres ordonné, économe et méticuleux.

Le mystère de l'enfant du Temple

Ci-contre : le Dauphin Louis Charles, pastel de Alexandre Kucharski, 1791.

Ci-dessous : la mort de Louis XVII, le 8 juin 1795, lithographie du début du XXe siècle.

Les enfants de Louis XVI et de Marie-Antoinette vont connaître tous les quatre des destins tragiques. L'aînée, Marie-Thérèse Charlotte, née en 1778, sera d'abord emprisonnée au Temple avec ses parents, avant d'être libérée puis d'émigrer. Le deuxième, Louis Joseph Xavier François, né en 1781, mourra de tuberculose le 4 juin 1789 – il a huit ans. Un second fils, Louis Charles, duc de Normandie, né en mars 1785, « un vrai enfant de paysan, grand, frais et gros », comme l'écrira sa mère, sera l'enfant du Temple. Enfin, une fille, née le 9 juillet 1786, un peu difforme, mourra à moins de un an le 19 juin 1787.

Roi aux yeux du monde

Devenu dauphin à la mort de son frère aîné, Louis Charles sera enfermé avec ses parents et sa sœur aînée au Temple. Il sera confié à la garde de son père qui poursuivra son éducation jusqu'au fatal matin du 21 janvier 1793. Ce jour-là, le Dauphin deviendra roi de France non seulement pour sa mère qui s'agenouillera devant lui en le saluant du titre de roi, mais aussi aux yeux de son oncle, futur Louis XVIII, des autres puissances européennes et de tous les royalistes français, tels les Vendéens, qui mèneront leur combat en son nom – leurs étendards porteront l'inscription « Vive Louis XVII ».

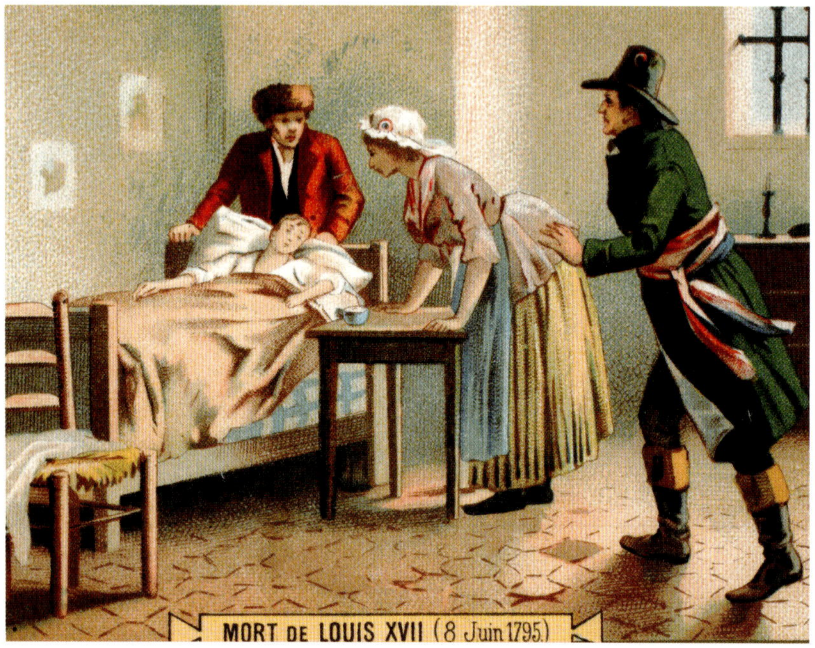

Accusateur de sa mère

Après la mort de son père, le petit Louis Charles vivra avec sa mère, sa grande sœur et sa tante, Mme Élisabeth. Puis la Commune décidera de le confier à un personnage fruste et grossier, Simon, cordonnier de son état, dans l'idée d'en faire un vrai sans-culotte. Lors du procès de Marie-Antoinette, on lui fera signer une déclaration de reconnaissance d'inceste afin d'ajouter un chef d'accusation contre sa mère. Mal nourri, enivré, enfermé dans l'ancienne chambre de son père, il sera laissé seul, sans aucune hygiène, sans aucune visite, afin qu'il expie les « crimes de sa race ». Il mourra le 8 juin 1795.

***Ci-dessus :** le Dauphin de France dans la prison du Temple, gravure du XIXe siècle.*

Les pérégrinations d'un cœur royal

Avant d'être inhumé puis recouvert de chaux vive, le corps du petit roi sera autopsié, et le chirurgien Pelletan prélèvera son cœur, qu'il conservera dans une urne de cristal emplie d'alcool éthylique. L'alcool s'évaporant, le cœur se pétrifiera. Commencera alors pour ce cœur une épopée rocambolesque où après avoir été plusieurs fois dérobé, il sera perdu, retrouvé puis confié à la famille d'Espagne, avant de revenir en 1975 au Mémorial de France à la basilique Saint-Denis, nécropole des rois de France, et, depuis 2004, dans la chapelle des Bourbons de cette même basilique.

L'identité de ce cœur sera rapidement contestée, ce qui suscitera de nombreux prétendants au trône – plus d'une centaine – dans toute l'Europe, tels Richemont ou Naundorff. On dit que le petit Louis XVII se serait évadé ou que le cœur passé ainsi de main en main ne serait pas le sien mais celui de son frère aîné. Grâce aux derniers travaux historiques et à une comparaison d'ADN pratiquée par des scientifiques reconnus en 2000 sur ledit cœur et des cheveux de Marie-Antoinette, il semble qu'on puisse conclure à l'authenticité de ce cœur et à l'imposture des prétendus Louis XVII.

Des Lumières aux Montgolfier

Esprit curieux et scientifique,
Louis XVI se passionne pour la marine et les grandes découvertes, l'histoire et les sciences. En organisant l'expédition de La Pérouse, il tente de réaliser son rêve de « raconter le monde ».

Ci-contre :
Louis XVI et le Maréchal de Castries, secrétaire d'Etat à la Marine, donnent leurs instructions à l'explorateur La Pérouse. Peinture de Monsiaux, XVIIIe siècle.

Les Lumières et l'Encyclopédie

À partir des années 1750, des intellectuels développent des idées nouvelles combattues par les jésuites. Ils croient en effet en un progrès infini des sciences et de l'humanité, font l'apologie de la raison contre la foi, accordent toute leur importance à l'observation et à l'expérience… Ce sont les Lumières, incarnées notamment par Denis Diderot et Jean d'Alembert qui, entre 1751 et 1772, vont publier la célèbre *Encyclopédie*, œuvre collective ambitionnant de rassembler l'ensemble des connaissances et, selon Diderot, de « changer la manière commune de penser ».

Une diffusion parisienne

Si ces vues instillent progressivement des idées de changement dans les esprits, on ne peut pas dire qu'elles expliquent directement le bouleversement radical que va être la Révolution. D'abord parce qu'elles ne remettent pas fondamentalement en cause la monarchie. Ensuite, parce qu'elles ne touchent pas vraiment les provinces françaises encore rurales, mais seulement une petite société essentiellement parisienne qui se retrouve dans les salons où les discussions, d'abord consacrées à la littérature, concernent bientôt des sujets plus politiques. Promues par Montesquieu, Mably, Rousseau, Condillac, Holbach, Condorcet, Grimm, Voltaire, Quesnay, Gournay, Du Pont, La Fayette, Buffon, l'abbé Raynal…, ces idées trouveront pour une part leur expression dans la Déclaration des droits de l'homme et du citoyen du 26 août 1789.

Une machine de guerre contre l'obscurantisme

L'Encyclopédie ou Dictionnaire raisonné des sciences, des arts et des métiers *paraît en France, de 1751 à 1772, sous la direction de Diderot et d'Alembert. Cet ouvrage, qui compte lors de sa première parution trente-cinq volumes, dont dix-sept articles et douze de planches illustrées, est une véritable somme des connaissances au siècle des Lumières. Soucieux d'en faire une machine de guerre contre l'obscurantisme, ses fondateurs y font une large place au savoir technique, artisanal et scientifique, considéré jusque-là comme peu digne d'intérêt.*

Page de gauche, en bas : *portrait du mathématicien et philosophe Jean le Rond d'Alembert (1717-1783), gravure du XIXe siècle.*

Page de gauche, en haut : *volumes de l'Encyclopédie publiée par Diderot et Alembert.*

Ci-contre : *portrait de l'écrivain et philosophe Denis Diderot (1713-1784), gravure du XIXe siècle. Diderot écrira à propos de l'Encyclopédie : « Cet ouvrage produira sûrement avec le temps une révolution dans les esprits, et j'espère que les tyrans, les oppresseurs, les fanatiques et les intolérants n'y gagneront pas. »*

Les sciences en progrès

Ci-dessus et ci-contre : portrait de Georges Louis Leclerc, comte de Buffon, gravure du XIXe siècle. Célèbre naturaliste, Buffon fut aussi intendant du Jardin du roi, qui devint à la Révolution le Jardin des Plantes et le Muséum d'histoire naturelle de Paris (ci-contre, gravure du XIXe siècle).

Esprit scientifique curieux, Louis XVI consulte régulièrement l'excellente Académie des sciences. Celle-ci accueille un nombre considérable de savants de réputation mondiale, qui échangent leurs découvertes en matière d'astronomie, de biologie, de mathématiques, de botanique, d'anatomie, de chimie, de minéralogie, de mécanique, de cartographie… Spécificité française, le réseau des académies provinciales qui maillent le territoire permet d'entretenir un vif intérêt pour ces théories et leurs éventuelles applications dans l'industrie naissante. En 1776, le roi crée par ailleurs la Société royale de médecine dont il se déclare le protecteur et qui lance de grandes enquêtes sur les questions de santé publique.

Académiciens de prestige

Le nombre de scientifiques brillants est alors impressionnant. Simple fils de cultivateur, l'astronome, physicien et mathématicien Pierre Simon de Laplace (1749-1827) élabore des théories dans des domaines aussi variés que la formation du système solaire, le calcul des probabilités, l'électromagnétisme, théories qui continuent de compter aujourd'hui. Georges Louis Leclerc de Buffon (1707-1788), lui, est surtout connu comme naturaliste et intendant du Jardin du roi, le futur Muséum d'histoire naturelle, mais il s'intéresse à l'optique et à l'économie, est maître de forges – on peut visiter ces forges à Montbard, en Bourgogne – et l'auteur d'une *Histoire naturelle* en quarante volumes publiée entre 1749 et 1804.

Observation et expérimentation

Parmi les collaborateurs qui s'associent à ce gigantesque projet, il faut citer Louis Jean-Marie Daubenton (1716-1800), naturaliste et originaire de Montbard lui aussi, professeur de zoologie, d'économie rurale, d'histoire naturelle et de minéralogie. Comme les deux botanistes précédents, Antoine Laurent de Jussieu, qui appartient à une famille de botanistes fameux, travaille au Jardin du roi. Trait commun à tous ces génies, dignes fils des Lumières : tous fondent d'abord leurs théories sur l'observation et l'expérimentation.

Lavoisier : « Rien ne se perd »

Antoine Laurent de Lavoisier (1743-1794) mêlera toute sa vie activités scientifiques et politiques. Devenu fermier général, il est nommé par Turgot inspecteur général des poudres et salpêtres. Élu député suppléant aux États généraux, il est membre de la commission chargée d'établir un nouveau système de poids et mesures. Son intérêt pour ceux-ci sera déterminante dans son activité de chimiste car, comme digne fils des Lumières, il fonde ses théories sur l'expérience, donc sur la mesure, utilisant notamment la balance. Il établit ainsi que, dans une réaction chimique, la quantité de matière reste identique, même si la matière change d'état : « Rien ne se perd, rien ne se crée, tout se transforme. » Il conçoit également avec d'autres collègues une nouvelle nomenclature chimique qui est à l'origine de notre système moderne.

Lorsque, le 24 novembre 1793, la Convention décrète l'arrestation de tous les fermiers généraux, Lavoisier vient se constituer prisonnier. Il est guillotiné le 8 mai 1794. La Révolution peut donc être tenue pour responsable de la mort à cinquante et un ans du père de la chimie moderne.

Ci-contre : *le chimiste Antoine Laurent de Lavoisier exécutant la décomposition chimique de l'air, gravure du XIXe siècle.*

Les Montgolfier à l'assaut du ciel

Passionné comme il l'est de sciences, Louis XVI n'a pu rester insensible à l'exploit réalisé le 4 juin 1783, après moult essais, par deux papetiers ardéchois, Joseph (1740-1810) et Étienne (1745-1799) Montgolfier : ce jour-là, à Annonay, ils ont réussi à faire s'élever à quelques centaines de mètres un ballon en toile de coton cousue sur des feuilles de papier et empli d'air chaud. Le rapport de leur exploit est transmis à l'Académie des sciences et fait rapidement le tour de Paris.

Mouton, canard, coq...

C'est ainsi que Louis XVI demande aux frères Montgolfier de renouveler devant lui leur expérience : le 19 septembre de cette même année, dans l'avant-cour du château, la famille royale et les courtisans voient monter à 500 mètres de hauteur un ballon décoré de fleurs de lys et du chiffre royal, et équipé d'une nacelle d'osier abritant un mouton, un canard et un coq, qui retombe à quelques kilomètres de là. On ne constate aucun dommage sur les animaux, sinon une patte cassée pour l'un des volatiles !

Page de gauche : *le premier envol, à Annonay, d'un ballon des Montgolfier, le 4 juin 1783, et portrait de Joseph de Montgolfier, gravures d'époque.*

Ci-contre : *portrait d'Étienne de Montgolfier, gravure d'époque.*

Ci-dessous : *le ballon* Marie-Antoinette *au-dessus de Versailles, le 23 juin 1784, gravure d'époque.*

L'ascension du *Marie-Antoinette*

Après que le roi eut accordé la permission de troquer les animaux contre des humains, les expériences se multiplient et les techniques se perfectionnent : les ballons, toujours plus grands, volent de plus en plus haut et de plus en plus loin, notamment à partir du moment où l'on a l'idée d'introduire dans la machine un ballon gonflé à l'hydrogène. À Paris, mais aussi en province, on se presse pour assister aux expériences, quitte à payer sa place. Un an après le premier exploit ardéchois, le ballon *Marie-Antoinette*, décoré aux chiffres des rois de France et de Suède, est lancé de Versailles devant un parterre ébahi comprenant Gustave III, avec, à son bord, le chimiste Louis Proust et l'intendant du cabinet de physique de Monsieur, Pilâtre de Rozier. Un an plus tard, ce dernier trouvera la mort alors qu'il tente de franchir la Manche en ballon. Les Montgolfier, eux, seront anoblis en même temps que toute leur famille en 1784. Réformateurs modérés, ils ne seront pas inquiétés par la Révolution.

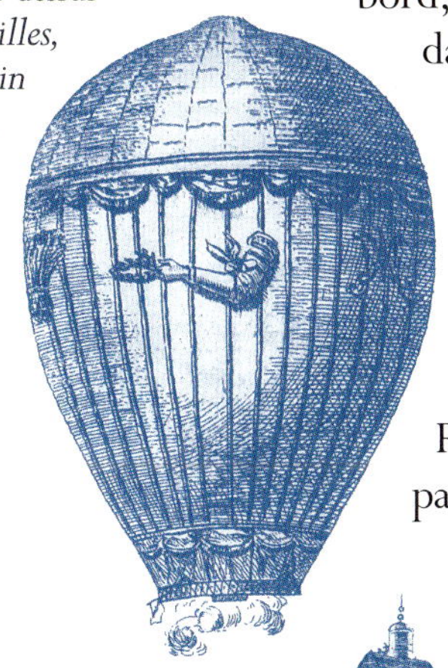

L'expédition de La Pérouse

Depuis son plus jeune âge, Louis XVI a une prédilection pour la géographie et tout ce qui s'y rapporte : on la lui a enseignée avec force cartes muettes, atlas et puzzles, et au milieu de ses outils, de ses machines et de ses tours à guillocher, il collectionne aussi de nombreux appareils scientifiques – instruments de visée et d'arpentage, lunettes, baromètres, thermomètres, chronomètres – dont certains ont trait à cette matière.

Ci-dessous : *instruments de navigation, planche de l'*Encyclopédie *de Diderot et d'Alembert, 1751.*

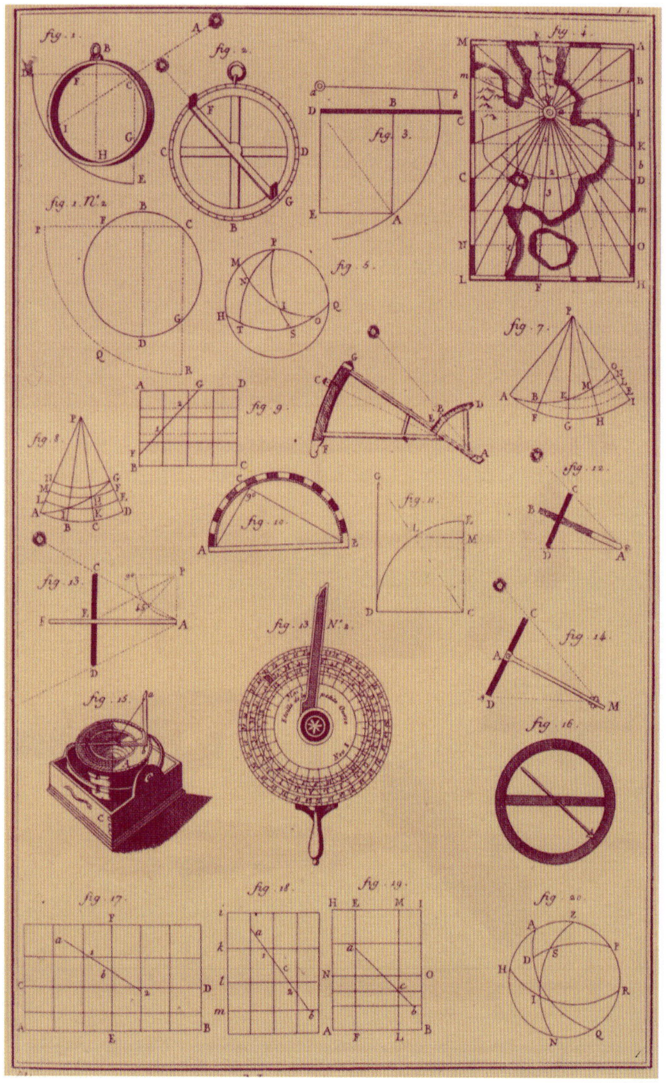

Enthousiasme royal

À cette passion s'ajoute celle pour les expéditions navales, passion fascinante quand on pense que le roi n'a, à l'époque de l'expédition de La Pérouse, jamais vu la mer ni mis les pieds sur un vaisseau : « Au lever, témoigne de Croÿ, je présentai au roi une carte de l'hémisphère antarctique perfectionnée. Il venait de lire avec plaisir les voyages de M. Cook et se connaissait à merveille en géographie. Il l'examina longtemps en vrai connaisseur ; il mit même le doigt juste sur tous les endroits remarquables et m'en parla longtemps de la manière la plus flatteuse, de sorte que je fus bien payé de mes peines. » Aussi, lorsque Fleurieu, ancien compagnon de Bougainville et directeur des Ports et Arsenaux, a l'idée d'une expédition dans le Pacifique qui serait à la fois géographique, ethnologique, commerciale, politique et économique, l'enthousiasme du roi est à son comble : il lit, crayon à la main, le mémoire que celui-ci lui transmet, l'annotant de remarques précieuses dont Fleurieu tiendra le plus grand compte lorsqu'il écrira une partie des instructions, le reste étant rédigé par le roi lui-même.

L'*Astrolabe* et la *Boussole*

Pour diriger l'expédition qui rassemble des scientifiques de tous bords, on choisit un marin aguerri et fort brillant, Jean François de Galaup, comte de La Pérouse, qui s'est illustré lors de nombreux combats navals. Les deux vaisseaux, l'*Astrolabe* et la *Boussole*, appareillent de Brest le 1er août 1785. Selon les plans de voyage concoctés par le roi lui-même, ils contournent le Brésil, le cap Horn, le Chili, l'île de Pâques, avant d'atteindre les îles Sandwich, c'est-à-dire Hawaï. Puis, sur la route de la mer du Japon, ils découvrent le détroit qui porte encore le nom de La Pérouse, entre Sakhaline et Hokkaido. Ensuite, les choses se gâtent : dans l'archipel des Navigateurs, le commandant de l'*Astrolabe* et onze de ses hommes sont assassinés.

Ci-contre : gravure commémorative datée de 1888 et célébrant le centenaire de la disparition de Jean François de Galaup, comte de La Pérouse (1741-1788 ; en médaillon).

Une fin tragique

On ignore à l'époque ce qu'il advint ensuite des deux navires, sinon que La Pérouse fit escale non loin de Sydney. On sait maintenant qu'ils voguèrent vers les îles Salomon où ils se heurtèrent à la barrière de récifs de l'île de Vanikoro, dans une région réputée pour ses terribles cyclones. Si des campagnes de fouilles récentes permettent de penser que certains membres de l'équipage de l'*Astrolabe* survécurent un temps sur l'île, on pense que ceux de la *Boussole* périrent tous en mer, y compris le valeureux La Pérouse dont on raconte que Louis XVI se souciait tant qu'il se serait encore inquiété de son sort une heure avant de périr sous la lame de la guillotine.

Les arts, ou le style Marie-Antoinette

Marie-Antoinette aime tout ce que Louis XVI n'aime pas. Et réciproquement. Elle adore les fêtes, les bals costumés, les réceptions et les illuminations. Trop, peut-être. Mais sans elle, qui aurait exercé le mécénat artistique fécond assumé habituellement par les rois de France ? Que deviendrait la vie à la cour, avec ce roi sauvage qui n'aime rien tant que lire et bricoler ?

Ci-contre : l'archiduchesse d'Autriche à l'épinette, tableau de Franz Xavier Wagenschoen, vers 1770. La future Marie-Antoinette manifesta très tôt son goût pour les arts, que son époux royal ne partagea jamais.

Ci-dessous : le Hameau de Marie-Antoinette, à Versailles, de nos jours.

Un style empreint de grâce

La reine, elle, adore le théâtre et aime la musique à la folie : Gluck, qu'elle protège, Grétry, Piccini, Salieri, Sacchini – elle ignore Mozart pourtant entendu durant son enfance viennoise. Elle a ses artistes attitrés : ses sculpteurs, comme Boizot, son ébéniste chéri, Riesener, secondé par le bronzier Gouthière, son menuisier, Jacob, son architecte, Mique, et ses peintres, Hubert Robert et Mme Vigée-Lebrun, sa portraitiste préférée devenue son amie. Teinté de grâce et de délicatesse, ce style où se mêlent le raffinement de l'ancien style rocaille et la majesté du retour à l'Antiquité a été qualifié de Louis XVI, mais il doit en réalité tout à Marie-Antoinette.

Une folie pastorale

L'œuvre qui incarne peut-être le mieux son goût, c'est le Petit Trianon que Louis XVI lui offre peu après leur mariage : « Vous aimez les fleurs, j'ai un bouquet à vous offrir ; c'est le Petit Trianon. » Édifié par Gabriel pour la Pompadour puis la Du Barry, ce rêve pastoral est bientôt pourvu d'un nouveau décor – motifs champêtres, oiseaux, guirlandes de fleurs, arabesques enrubannées. Dans le parc, elle demande à Mique de conce-

Ci-dessus : *Les jardins anglais du Trianon, aquarelle du paysagiste Richard Mique – qui les aménagea à la demande de Marie-Antoinette –, 1786.*

voir un jardin anglais où des chemins sinueux et des ponts rustiques conduisent à des rochers, une grotte, un belvédère octogonal, un délicieux temple de l'Amour, un théâtre, un jeu de bague chinois – une sorte de manège où dragons et paons remplacent les traditionnels chevaux de bois. « Ici, dit-elle, je ne suis plus reine, je suis moi ! » À la différence du château et du parc ouverts au public, le domaine de Trianon est réservé à la reine et à ses invités, et lorsqu'elle aura épuisé son crédit de popularité, les langues iront bon train sur ce lieu si secret qu'il doit bien cacher de monstrueuses turpitudes !

Le luxe du Hameau

Comme à Chantilly chez le prince de Condé, la reine se fait ensuite construire un hameau. Inspirées d'Hubert Robert, douze chaumières couvertes de roseaux, dont une réservée à la reine et luxueusement meublée par Jacob et Riesener, une grange, un colombier, un poulailler, deux laiteries, une salle de bal, une tour, un moulin font un petit village où elle peut vivre loin des pesanteurs de la cour, entourée de sa famille et de ses intimes. Jardiniers et paysans entretiennent cette exploitation dont les produits alimentent les cuisines du château.

Mais que ce soit comme reine de fêtes somptueuses commandant des meubles précieux ou, plus tard, comme villageoise menant une vie bucolique digne de la Nouvelle Héloïse, Marie-Antoinette est raillée et calomniée, surtout à partir du début des années 1780 : elle est Madame Déficit qui gaspille l'argent de l'État et qui règne sur Trianon, son « Petit Vienne ».

DU CHAOS À L'ÉCHAFAUD

La Terreur est en germe. Les opposants au régime se multiplient et veulent mettre fin à la royauté. Après la journée du 10 août 1792, le roi et sa famille sont emprisonnés au Temple. Commence alors pour eux une longue descente aux enfers, qui se soldera par l'exécution du roi, le 21 janvier 1793.

Ci-contre :
Louis XVI montant à l'échafaud. Peinture de Charles Benazech vers 1793.

La fuite à Varennes

Au fil du temps, aux Tuileries, la surveillance de la famille royale se fait de plus en plus pesante, et la reine n'a plus qu'une idée en tête : fuir. Plusieurs plans sont échafaudés, mais le roi tergiverse et finit toujours par renoncer. Il faut que des manifestants injurieux l'empêchent d'aller rejoindre sa résidence de Saint-Cloud où il doit passer l'été pour qu'enfin il se décide.

Arrêtés tout près du but

Le départ est fixé au lundi 20 juin 1791 à minuit, la destination sera Montmédy, non loin du Luxembourg autrichien. Tout a été soigneusement organisé, le départ, les déguisements, les étapes, les relais, mais une série de légères perturbations mèneront la famille royale à la catastrophe : retards, ennuis mécaniques, et surtout, manque de discrétion, le roi finissant par être reconnu. La famille royale est en fuite ! Elle est à Varennes, très proche du but, lorsque un décret de La Fayette lui ordonne de rebrousser chemin.

Une ultime chance

Le retour à Paris est éprouvant. Le cortège se gonfle progressivement, et l'ambiance, d'abord bienveillante, tourne à l'hostilité. Louis a beau répéter qu'il n'avait pas « l'intention de sortir du royaume », la populace lui promet de « confectionner des cocardes avec les boyaux de Louis et Antoinette et des ceintures avec leur peau ». Le soir du 23, des aubergistes leur donnent une ultime chance : tout est organisé pour leur fuite. Mais le roi est si découragé qu'il décline l'offre. L'arrivée à Paris est lugubre. Des consignes ont été placardées sur les murs : « Celui qui applaudira le roi sera bâtonné ; celui qui l'insultera sera pendu. » Le ton est donné.

Une fois encore, l'échec pour le roi est cuisant. Quant à Marie-Antoinette, ses cheveux ont blanchi en quelques jours !

L'été de tous les dangers

Le 20 juin 1792, jour anniversaire du serment du Jeu de paume, une nouvelle épreuve est infligée au roi et à sa famille. Bien que toute manifestation ait été interdite, des milliers d'émeutiers réussissent à pénétrer aux Tuileries jusque dans la chambre du roi. Celui-ci trouve refuge en grimpant sur une banquette derrière quelques soldats qui le protègent, mais les manifestants l'insultent et le défient : ils l'obligent à se coiffer d'un bonnet phrygien et à accepter un ruban tricolore.

Le supplice dure trois heures. Enfin, on fait évacuer la foule. Sorti grandi de l'épreuve – il a fait montre de sang-froid et de dignité –, le roi connaît un regain de popularité. À Paris, une pétition dénonçant les factieux recueille plus de 20 000 signatures. En province, où l'image du roi est restée généralement plus positive, soixante-quinze départements sur quatre-vingt-trois condamnent les émeutiers.

Page de gauche, en bas : l'arrestation de Louis XVI, lithographie de 1832. Selon la légende, c'est sur un assignat ou un écu (à droite) à son effigie que le roi aurait été reconnu…

Ci-contre : Louis XVI aux prises avec les émeutiers aux Tuileries, le 20 juin 1792, lithographie du début du XXe siècle.

L'attaque des Tuileries

Mais l'embellie est de courte durée : les Jacobins veulent en finir avec la royauté, et la rumeur d'une attaque imminente des Tuileries plane. La date retenue est le 9 août au soir : la famille royale est toute la soirée aux aguets. Le lendemain matin, on convainc le roi d'aller se réfugier avec sa famille à l'Assemblée. Le roi accepte, persuadé que, s'il quitte les Tuileries, l'émeute se dissipera. C'est compter sans la hargne du peuple qui, une fois la famille royale partie, entre aux Tuileries et attaque les domestiques et les gardes suisses. Comme le roi avait signé un ordre demandant aux Suisses de déposer les armes et de se retirer dans leurs casernes, ceux-ci ont obéi, déchaînant la fureur du peuple qui en massacre six cents sur neuf cents, puis pillent et incendient le palais, avec une brutalité inouïe.

Le germe de la Terreur

Le 10 août marque un tournant, car il signe le début d'une Révolution populaire illégale et totalitaire. Après trois années où l'Assemblée constituante, élue par la Nation, avait tenté d'établir une nouvelle société fondée sur les droits de l'homme et l'abolition des privilèges, un nouveau pouvoir rassemblant quelques factieux s'arroge sans aucune légitimité le pouvoir exécutif, législatif et judiciaire.

La Terreur est déjà en germe dans cette journée. Et tout espoir de monarchie constitutionnelle est anéanti. Quant au sort du roi et de sa famille, il sera débattu entre l'Assemblée et les insurgés. Leur descente aux enfers peut commencer.

Ci-contre : la mort de la princesse de Lamballe, le 3 septembre 1792, eau-forte de Pierre Pelée, 1830.

À la prison du Temple

Sans qu'une décision soit formellement prise, dès le 10 août 1792 au soir, la famille royale est considérée comme prisonnière. Après de longs débats, l'Assemblée décide que le roi, sa famille et quelques serviteurs seront emprisonnés au Temple, ancienne propriété du comte d'Artois comprenant un palais, une vieille tour et un jardin. La reine s'inquiète : « Vous verrez, dit-elle à Mme de Tourzel, qu'ils nous mettront dans la tour, dont ils feront une véritable prison ! J'ai toujours eu une telle horreur pour cette tour que j'ai prié mille fois M. le comte d'Artois de la faire abattre, et c'était sûrement un pressentiment de tout ce que nous aurons à y souffrir. » Elle ne croyait pas si bien dire.

Macabre mise en scène

Les prisonniers y arrivent le 13 août : le roi et la reine, leurs deux enfants, Madame Élisabeth, sœur du roi, six serviteurs, la princesse de Lamballe, Mme de Tourzel et sa fille. Après qu'on leur a fait miroiter de façon sadique la possibilité de s'installer dans le palais, laissant le roi imaginer dans quelles pièces ils se répartiraient, on les conduit dans la petite tour accolée à la grande qu'on n'a pas encore eu le temps d'aménager. Là, les jours se suivent et se ressemblent : lectures et prières pour tous, travaux d'aiguille pour les femmes, promenades dans la cour, parties de trictrac, de piquet ou d'échecs, leçons données par le roi et la reine à Madame Royale, alors âgée de quatorze ans, et au petit Dauphin qui, lui, en a sept. Au bout de quelques jours, la princesse de Lamballe, Mme de Tourzel et sa fille Pauline, ainsi que les quatre femmes de chambre, doivent quitter le Temple pour la prison de la Petite Force. Le 3 septembre, la princesse de Lamballe reviendra au Temple, mais dans quel état : après l'avoir exécutée de façon sauvage et obscène, des massacreurs veulent voir la reine « pour lui faire baiser la tête de sa putain » – l'un des gardes du Temple parviendra au prix d'une solide argumentation à les éloigner.

Massacres en série

Malgré la surveillance, quelques stratagèmes permettent aux prisonniers d'être tenus au courant des événements : la répression est implacable envers les contre-révolutionnaires, les prêtres réfractaires et tous ceux soupçonnés d'être ennemis du pouvoir en place. À l'extérieur, après la perte de plusieurs villes, la victoire de Valmy marque le début du recul des coalisés. En septembre, des massacres organisés par des factieux se multiplient dans les prisons et les hospices, faisant plus d'un millier de morts, et, le 21 septembre, avec l'abolition de la royauté, la Ire République est née sans avoir été officiellement proclamée.

À la fin du mois de septembre, les travaux du donjon étant finis, le roi est transféré au deuxième étage, puis, fin octobre, il est rejoint par les autres prisonniers qui s'installent au troisième étage ; une quarantaine de soldats ont investi le premier, et les commissaires de service le rez-de-chaussée. Le temps passant, l'enfermement et la surveillance deviennent de plus en plus pesants, et l'issue de plus en plus défavorable…

Ci-contre, en haut : *la tour du Temple, gravure anonyme de 1780. Construite par les Templiers à la fin du XIIIe siècle, puis transformée en prison, cette forteresse fut détruite sous Napoléon III.*

Ci-contre, en bas : *Louis XVI et sa famille dans la prison du Temple, gravure sur bois, vers 1880.*

Le procès du roi

Ci-contre : Louis XVI à la barre de la Convention durant son procès, gravure du XIXe siècle.

Ci-dessous : Philippe Égalité, trahissant son propre sang après avoir voté la mort du roi, son cousin, caricature anglaise d'époque. Marie-Antoinette et le Dauphin le supplient, Robespierre tient le panier où va tomber la tête du roi.

Après de vifs débats, l'Assemblée décrète le 30 novembre 1792 que Louis XVI a droit à un procès : une commission préparera l'acte d'accusation pour le 10 décembre. Le lendemain, « Louis Capet » se rend à la barre de la Convention : durant quatre heures, le roi, qui ne s'est pas préparé au feu roulant des questions, se défend sans brio mais avec courage. Il réclame des défenseurs qu'on lui accorde, mais à Malesherbes, l'un de ses avocats, il confie : « Je ne me fais pas d'illusions sur mon sort ; les ingrats qui m'ont détrôné ne s'arrêteront pas au milieu de leur carrière ; ils auraient trop à rougir de voir sans cesse sous leurs yeux leur victime. Je subirai le sort de Charles Ier, et mon sang coulera pour me punir de n'en avoir jamais versé. »

À bas le tyran sanguinaire

De retour au Temple, mis au secret, il s'attelle à sa défense avec ses avocats. La tâche est énorme – 40 chefs d'accusation, 508 cotes de pièces non classées – et le temps est compté. Dehors, l'opinion se passionne. La veille de sa comparution, le roi, craignant le pire, rédige son testament. Le jour dit, après avoir démontré que la procédure est illégale, De Sèze discute chaque chef d'accusation en plaidant non coupable. Commencent alors de tumultueux débats entre Girondins et Montagnards, les premiers voulant éviter la mort du roi et, pour ce faire, défendant l'idée de consulter les assemblées primaires, les seconds voulant en finir avec ce « tyran sanguinaire ».

Un verdict joué d'avance

La Convention fixe la date de la délibération au 14 janvier 1793. Trois questions sont posées : « Un, Louis Capet, ci-devant roi des Français, est-il coupable de conspiration contre la liberté publique et contre la sûreté générale de l'État ? Deux, le jugement de la Convention nationale contre Louis Capet sera-t-il soumis à la ratification du peuple ? Trois, quelle peine Louis, ci-devant roi des Français, a-t-il encourue ? » Le scrutin n'est pas secret : chaque député doit se rendre à la tribune et exprimer son opinion, ce qui, bien entendu, défavorise le roi. À la première question, 691 députés sur 749 répondent oui ; personne n'ose dire non, mais certains adoptent des positions nuancées qui sont comptées comme des abstentions. À la deuxième, 424 députés contre 287 refusent le renvoi aux assemblées primaires. À la troisième, 366 sont favorables à la mort, 319 à la détention avec sursis jusqu'à la fin de la guerre suivie du bannissement, 2 aux « fers ». Robespierre, Danton, David, Sieyès et, surtout, le cousin du roi, Philippe Égalité, ci-devant duc d'Orléans, votent la mort.

C'est Malesherbes qui, le soir même, annonce le verdict au roi. Louis comprend tout de suite. Des contestations s'étant élevées, un nouveau vote sur la sentence a lieu le 18 janvier. Cette fois, la mort immédiate perd quelques voix : 361, c'est-à-dire exactement la majorité absolue ; une voix de moins, et le destin aurait pu basculer. Reste une dernière question : le roi sera-t-il exécuté immédiatement ? Le 19 au soir, par 370 voix contre 310, le sursis est rejeté.

Un sang-froid inaltérable

Malesherbes couchera sur le papier la réaction de Louis XVI à l'annonce de sa condamnation : « J'ai vu sa grande âme tout entière, écrira-t-il, le sang-froid inaltérable avec lequel il a écouté mon récit et m'a interrogé sur quelques circonstances comme sur celles d'une affaire qui lui serait étrangère, la résignation avec laquelle il fait le sacrifice de sa vie, et en même temps sa vive sensibilité sur le malheur de ceux qui sont condamnés à lui survivre, sa reconnaissance pour ceux à qui il croyait en devoir, et en même temps son indulgence pour ceux qui ont de grands reproches à se faire. »

Ci-dessous : la déclaration de Louis XVI devant la Convention, gravure du XIXe siècle. À cette occasion, le roi confia : « En vous parlant peut-être pour la dernière fois, je vous déclare que ma conscience ne me reproche rien. »

Place de la Révolution, 21 janvier 1793

Le dimanche 20 janvier 1793, « Louis Capet, dernier roi des Français », doit écouter la sentence : « coupable de conspiration contre la liberté de la Nation, et d'attentat contre la sûreté générale de l'État », il est condamné à mort et sera exécuté « dans les vingt-quatre heures à compter de la notification ». Louis, impassible, réclame un délai de trois jours, la possibilité de voir librement un prêtre, l'abbé de Firmont, et de revoir sa famille sans surveillance, et recommande les siens et ceux qui lui ont été dévoués. On lui accorde tout, à l'exception du délai de trois jours : il sera exécuté le lendemain.

Le récit des maux d'autrui

Craignant qu'il n'intente à sa vie, on lui apporte son souper sans fourchette ni couteau. Lorsque l'abbé arrive, le roi lui lit son testament deux fois : « Son visage ne s'altérait, raconte l'abbé, que lorsqu'il prononçait des noms qui lui étaient chers. Alors [...] il était obligé de s'arrêter, et ses larmes coulaient malgré lui ; mais lorsqu'il n'était question que de lui-même et de ses malheurs, il n'en paraissait pas plus ému que ne le sont communément les autres hommes lorsqu'ils entendent le récit des maux d'autrui. » Après des adieux déchirants à sa famille, il se confesse et les deux hommes prient jusqu'à 2 heures du matin. Trois heures plus tard, le roi fait une dernière fois sa toilette, entend une dernière messe et confie quelques objets à l'intention des siens.

Vers 8 heures et demie, on vient le prendre pour l'emmener non place du Carrousel, mais place de la Révolution (actuelle place de la Concorde), beaucoup plus grande. Il fait triste et froid. Le roi se jette aux pieds du prêtre : « Tout est consommé, Monsieur ; donnez-moi votre dernière bénédiction et priez Dieu qu'il me soutienne jusqu'à la fin. » Puis ils prennent place dans une voiture – on leur a épargné la charrette du bourreau. Le trajet se déroule sans incident.

Le calice jusqu'à la lie

La place est noire d'une foule en armes. Ayant refusé qu'on le déshabille, qu'on lui coupe les cheveux et qu'on lui attache les mains, Louis ôte lui-même sa redingote et dégrafe sa chemise pour dégager son cou. Puis, se retournant vers ses bourreaux : « Faites ce que vous voudrez ; je boirai le calice jusqu'à la lie. » L'abbé aurait alors prononcé ces mots : « Fils de Saint Louis, montez au ciel ! » Tout ensuite va très vite. Une fois sur la plate-forme de la guillotine il dit d'une voix forte : « Je meurs innocent de tous les crimes qu'on m'impute. Je pardonne aux auteurs de ma mort et je prie Dieu que le sang que vous allez répandre ne retombe jamais sur la France. » Puis la lame tombe.

Ci-dessous : l'adieu de Louis XVI à sa famille dans la prison du Temple, gravure d'époque.

Ci-dessus : *l'exécution de Louis XVI sur la place de la Révolution, eau-forte d'époque. La tête du roi fut brandie par un aide-bourreau et montrée à l'envi à la foule.*

« Vive la République ! »

Un aide-bourreau ramasse la tête du roi et fait deux fois le tour de l'échafaud en la montrant à la foule qui crie : « Vive la République ! Vive la Nation ! Vive la Liberté ! Vive l'Égalité ! » Certains se précipitent pour récupérer du sang royal sur leur arme, leur mouchoir, un morceau de papier. Un sans-culotte le goûte et le trouve « bougrement salé ». Le tricorne du roi, ses mèches de cheveux, son ruban de queue et les morceaux de son pourpoint sont vendus. Le cadavre jeté dans un panier d'osier est transporté dans la charrette du bourreau, Sanson, jusqu'au cimetière de la Madeleine où il est mis en bière, les mains liées, la tête entre les jambes, les yeux encore ouverts. On récite la prière des morts, et le cercueil est descendu dans une fosse anonyme sur laquelle on jette de la chaux vive. Marie-Antoinette, elle, connaîtra le même sort le 16 octobre suivant.

Paroles de bourreau

La plupart des récits ont témoigné du courage et de la sérénité du roi au moment de son exécution. Même son bourreau écrivit : « Pour rendre témoignage à la vérité, il a soutenu tout cela avec un sang-froid et une fermeté qui nous a tous étonnés. Je reste convaincu qu'il avait puisé cette fermeté dans les principes de la religion, dont personne plus que lui ne paraissait pénétré ni persuadé. »

P.L. De Bucourt 1785

LE RENDEZ-VOUS MANQUÉ

Déchiré par le cours impétueux des événements, Louis XVI n'a pas réussi à réformer son pays. Longtemps considéré comme comme un roi sans prestige, il est aujourd'hui réhabilité par les historiens, qui s'accordent à lui reconnaître de réelles qualités de souverain.

Ci-contre : Louis XVI rendant visite aux plus pauvres pendant le rude hiver de 1784. Peinture de Philibert-Louis Debucourt, 1785.

Ci-contre : *Louis XVI distribuant des aumônes durant l'hiver 1788, tableau de Louis Hersent, 1817.*

Le roi et son peuple ou l'incompréhension réciproque

Proche de son peuple, Louis XVI le fut plus que ses prédécesseurs. Les exemples de sa bonté envers lui abondent : il vint un jour incognito à l'hôtel-Dieu pour mieux comprendre l'état des hôpitaux, il visitait régulièrement les foyers les plus pauvres de Versailles, entretenait de nombreuses familles de militaires désargentées sur sa cassette personnelle, multipliait les dons aux bonnes œuvres, reprochait à son directeur des Bâtiments de trop dépenser pour les travaux du château. De même, son goût pour une vie simple et retirée, sans maîtresses, sans luxe ostentatoire, à l'opposé de celle menée par ses prédécesseurs, aurait dû le rapprocher de ses sujets.

Une opinion manipulable

Il n'en fut rien car, en abandonnant les fastes de la cour, il fit perdre à la monarchie tout son prestige et toute sa force symbolique. Ce qu'il ne comprit pas non plus, c'est l'émergence d'une opinion populaire facilement manipulée par des pamphlets diffamatoires et des fausses rumeurs : contre toute attente, le tiers état passa à l'ennemi en s'alliant à la noblesse et au clergé, et en s'opposant à toutes les réformes élaborées par les ministres successifs, réformes qui lui étaient pourtant favorables.

Tout au long du règne de Louis XVI, ses liens avec le peuple furent ainsi ambigus et contradictoires, et ce jusqu'à sa mort violente et publique : fêtée par les sans-culottes venus assister en nombre à l'exécution, elle en laissa beaucoup d'autres atterrés à Paris, et plus encore en province – on en tient pour preuve l'immense succès que connut l'édition de son testament. Jusqu'au bout, Louis XVI eut donc eu des relations ambivalentes avec son peuple et réciproquement : pour de multiples et complexes raisons, la bienveillance du monarque envers son peuple aboutit à un ratage complet.

L'expédition de Cherbourg

Louis XVI eut finalement très peu d'occasions de rencontrer ses sujets. Il en eut une lorsqu'il décida, en juin 1786, de visiter l'un des chantiers qu'il avait promus, celui d'une digue en eau profonde qui devait permettre d'abriter une vraie flotte de guerre. La bonhomie et la simplicité qui lui valaient tant de déconvenues à la cour firent merveille, et les populations locales saluèrent avec enthousiasme sa bienveillance, sa gentillesse, sa simplicité, sa dignité. « L'amour de mon peuple a retenti jusqu'au fond de mon cœur : jugez si je ne suis pas le plus heureux roi du monde », confia-t-il à la reine. Et encore : « Je n'ai jamais mieux goûté le bonheur d'être roi que le jour de mon sacre et depuis que je suis à Cherbourg ! » Celui qui fuyait les mondanités compassées de la cour versaillaise aimait l'atmosphère fusionnelle des bains de foule. Parce qu'il était si heureux au retour de cette escapade, il projeta de visiter les autres ports de France. Le destin devait en décider tout autrement.

Ci-contre :
Louis XVI en visite au port de Cherbourg, le 23 juin 1786, tableau de Louis-Philippe Crépin, 1817.

Entre absolutisme et réformisme

Entre l'héritier du trône et le souverain guillotiné, dix-neuf années ont passé où la France a quitté l'Ancien Régime pour la Révolution, la monarchie pour la République. Les portraits qui ont été dressés du roi sont pour le moins contradictoires : tantôt on l'a peint comme un souverain sage et avisé, désireux de maintenir la monarchie tout en conduisant les réformes nécessaires, tantôt comme un roi passéiste, faible et imprévoyant, victime des intrigues de cour, incapable de prendre les bonnes décisions au bon moment ni d'aller jusqu'au bout des réformes imaginées par son gouvernement.
On l'a vu tantôt comme un homme intelligent sachant s'entourer de ministres ouverts et réformateurs, tantôt comme un incertain à la fois complexé et jaloux de ses prérogatives, réticent à partager le pouvoir avec un ministre qui aurait la stature et le pouvoir d'un Premier ministre d'aujourd'hui – la plupart du temps il se sépare de ses contrôleurs des Finances parce qu'il finit par y avoir avec eux incompatibilité d'humeur et rivalité de pouvoir : « C'est trop fort, s'était-il écrié quand Necker avait voulu lui forcer la main dans ses décisions ! Cet homme veut se placer à côté de moi ! »

Ci-contre : Dieu, le peuple et la loi, encadrés par la liberté et la justice, lithographie de 1793.

Ci-dessous : le peuple assassinant la royauté, allégorie de la Révolution française, XVIIIe siècle.

Un désert de solitude

La difficulté à interpréter son règne vient de ce que, tout en étant ouvert aux réformes, le roi n'a pas réussi à faire évoluer la monarchie absolue, telle que l'avait exercée Louis XIV, vers une monarchie constitutionnelle. Il est vrai que ce solitaire sans véritable ami ni confident fut seul. Seul face à une reine manipulée par son clan et par sa patrie d'origine. Seul face à une cour déçue et amère qui ne rêvait que de complots et d'intrigues, y compris dans sa propre famille. Seul face aux parlements avides de conserver leurs prérogatives. Seul face à l'aristocratie et au clergé incapables de renoncer à leurs privilèges ni de comprendre que leurs pouvoirs pourraient sortir renforcés de la mise en place d'une monarchie constitutionnelle. Seul enfin face au peuple qui rata les quelques occasions où son soutien aurait infléchi le cours de l'histoire.

« Au nom du peuple français »

Lorsque les États généraux se déclarent « Assemblée nationale », cette assemblée élue arrache au roi la souveraineté et se constitue comme un corps politique unifié rassemblant tous les citoyens. Une Constitution écrite va bientôt définir les rôles et la répartition des pouvoirs, et une Déclaration des droits de l'homme fixer les droits de chacun. La Révolution aurait pu s'arrêter là. Lorsqu'elle est confisquée par une bande de sans-culottes au nom d'une souveraineté nationale, l'exécution publique du roi après un jugement rendu « au nom du peuple français » est une façon radicale et irréversible de rompre avec le passé. La perspective d'une monarchie constitutionnelle est alors à jamais perdue.

Ci-contre : *Louis XVI s'adressant au peuple réclamant la baisse du pain, le 2 mai 1775, durant la guerre des Farines, gravure du XIXe siècle.*

La réhabilitation de l'Histoire

La mort du roi puis de la reine, le 16 octobre 1793, ne suffit pas : les révolutionnaires s'en prirent bientôt à l'image de la monarchie par un vandalisme visant les dépouilles et les tombeaux des rois, notamment à Saint-Denis. Pourtant, les idées royalistes n'étaient pas mortes et certains journaux parlèrent bientôt du « martyre » du roi, tandis que biographies, épitaphes, oraisons funèbres, romans même remportèrent un vif succès. Après l'Empire où il n'était pas question d'exalter le souvenir des Bourbons, la Restauration encouragea évidemment la reprise du culte de Louis XVI : son frère, le comte de Provence, régnait désormais en France sous le nom de Louis XVIII. Libres de s'exprimer, les sentiments royalistes et antirévolutionnaires éclatèrent alors au grand jour, à l'occasion de services solennels pour le repos de l'âme des monarques, d'oraisons funèbres prononcées dans de nombreuses églises de France…

Ci-dessous : la tombe de Louis XVI et de Marie-Antoinette au cimetière de la Madeleine, gravure de 1814.

Du cimetière de la Madeleine…

Il était temps de donner au roi et à la reine la sépulture décente qu'ils n'avaient jamais eue. On décida donc de fouiller l'endroit où ils avaient été enterrés, le cimetière de la Madeleine, qui avait été acquis et mis à l'abri par un pieux royaliste. Les 18 et 19 janvier 1815, on exhuma leurs corps, d'abord Marie-Antoinette, puis, avec plus de difficultés, le roi Louis XVI : « Nous avons trouvé les ossements d'un corps d'homme, dont plusieurs entièrement corrodés, étaient près de tomber en poussière, consignèrent les témoins dans le procès-verbal. La tête couverte de chaux se trouvait placée au milieu des os des jambes, circonstance qui nous a paru d'autant plus remarquable que cette situation était indiquée comme celle de la tête de Louis XVI dans l'enquête faite le 12 mai 1814. »

… à la basilique de Saint-Denis

Placés dans un cercueil de plomb, les corps furent déposés chez le propriétaire du cimetière qui installa chez lui une chapelle ardente. Puis, le 21 janvier, vingt-deux ans jour pour jour après l'exécution du roi, ils furent transportés avec tout le faste et la pompe qui leur étaient dus à la nécropole royale de Saint-Denis : une foule immense assista tout au long du chemin à cette translation. À Saint-Denis, l'oraison funèbre tourna à l'hagiographie, le roi devenant le « nouveau rédempteur » !

Même si le concert de louanges et d'hommages se tarit progressivement au cours du siècle, le personnage de Louis XVI continua d'inspirer nombre d'écrivains, dont Alexandre Dumas. Son culte est parvenu jusqu'à nous, certains ayant même tenté de faire ouvrir, en vain, sa cause en béatification.

La Chapelle expiatoire

Le terrain où les souverains avaient été enterrés fut vendu au roi Louis XVIII qui décida d'y construire un monument funéraire néoclassique, la Chapelle expiatoire, inaugurée exactement dix ans plus tard, le 21 janvier 1825. Plusieurs autres projets de monuments commémoratifs furent élaborés, mais aucun ne fut réalisé.

Page de gauche, en haut : *la translation des deux dépouilles royales, le 21 janvier 1815, gravure d'époque.*

Ci-contre : *statues de Louis XVI et de Marie-Antoinette priant, sculptures d'Edme Gaulle et Pierre Petitot, basilique de Saint-Denis.*

Chronologie du règne

1753
23 août Naissance de Louis Auguste, futur Louis XVI, à Versailles

1770
16 mai Mariage du Dauphin (futur Louis XVI) avec l'archiduchesse Marie-Antoinette d'Autriche.

1774
10 mai Mort de Louis XV. Louis XVI monte sur le trône.
20 juillet Turgot devient secrétaire d'État à la Marine.
24 août Disgrâce du chancelier de Maupeou. Turgot devient contrôleur général des Finances.
26 août Turgot devient ministre d'État.
13 septembre Rétablissement de la libre circulation des grains.
12 novembre Rétablissement du Parlement de Paris.

1775
19 avril Début de la révolte des colonies d'Amérique du Nord.
18 avril - 6 mai « guerre des farines ».
11 juin Sacre de Louis XVI à Reims.
12 juillet Malesherbes devient secrétaire d'État à la Maison du roi.
27 octobre Claude-Louis, comte de Saint-Germain, devient secrétaire d'État à la Guerre.

1776
5 janvier Édits de Turgot qui suppriment les corporations et la corvée royale.
12 mai-13 mai Disgrace et démission de Turgot. Il est remplacé par Clugny de Nuits qui révoque les édits de Turgot.
4 juillet Les Américains déclarent leur indépendance.
Décembre L'Américain Benjamin Franklin vient demander de l'aide à la France contre les Britanniques.

1777
Avril La Fayette s'embarque pour l'Amérique.
13 mai mai Disgrâce de Claude Louis, comte de Saint-Germain.
28 mai Traité de Soleure avec les cantons suisses.
29 juin Necker devient directeur général des Finances et lance un emprunt de 600 millions.

1778
6 février Traité d'alliance avec les insurgents d'Amérique, la France s'engage officiellement dans la guerre de l'Indépendance américaine.

1779
Été La dysenterie dans l'ouest de la France fait 175 000 morts.
12 avril Traité d'Aranjuez.
13 mai Convention de Teschen franco-impériale.
Août Suppression du servage sur les domaines royaux.

1780
27 février Constitution d'une ligue des Neutres qui reconnaît la liberté de navigation.
2 mai Départ de Brest du corps expéditionnaire français pour l'Amérique.

1781
19 février Necker publie son *Compte-rendu au roi* dans lequel il fait le bilan de son administration financière. Ce petit ouvrage enthousiasme les Français mais indigne princes, ministres et parlementaires car il donne la liste nominale des charges et pensions payées aux courtisans et à la famille royale.
19 mai Démission de Necker. Il est remplacé par Joly de Fleury.
19 octobre Capitulation des Britanniques à la bataille de Yorktown face aux forces franco-américaines.
21 novembre Mort de Maurepas.

1782
Suffren remporte plusieurs victoires face à la flotte britannique dans la mer des Indes.

1783
29 mars Démission de Joly de Fleury. Il est remplacé par Lefèvre d'Ormesson.
4 juin Expérience des frères Montgolfier à Annonay (Ardèche). Ils réussissent pour la première fois à faire voler un ballon de toile et de papier gonflé avec de l'air chaud produit par la combustion d'un mélange de paille et de laine.
3 septembre Traité de Versailles entre la France et la Grande-Bretagne qui reconnaît l'indépendance des treize colonies américaines. Fin de la Guerre de l'indépendance des États-Unis d'Amérique.
1er novembre Chute d'Ormesson qui est remplacé par Calonne.
21 novembre Premier voyage en montgolfière. Pilâtre de Rozier et le marquis d'Arlandes s'envolent du château de la Muette pour aller se poser à la Butte aux Cailles.

1784
27 avril Première représentation du *Mariage de Figaro*.

1785
Affaire du Collier de la reine.
7 janvier Blanchard traverse la Manche en montgolfière.
27 mars Naissance du futur Louis XVII.
1er août Départ de Brest de l'expédition de La Pérouse à bord des frégates la *Boussole* et l'*Astrolabe*.
15 août Arrestation du cardinal de Rohan pour sa participation à l'affaire du Collier de la reine. La comtesse de la Motte sera arrêtée quelques jours plus tard.

1786
31 mai Le cardinal de Rohan est acquitté et la comtesse de la Motte condamnée.
8 août Première ascension du Mont-Blanc réalisée par Michel-Gabriel Paccard et Jacques Balmat.
26 août Le contrôleur des Finances Calonne présente au roi son projet de réformes des finances.
26 septembre La Grande-Bretagne signe avec la France un traité mécontentant les industriels français. Il prévoit le libre-échange en termes de commerce et de navigation.

1787
22 février Début de la première assemblée des notables à Versailles sous la présidence de Louis XVI.
8 avril Disgrâce de Calonne. Il est remplacé par Loménie de Brienne.
25 mai Renvoi de l'assemblée des notables, qui se juge inapte à décider de la levée d'un nouvel impôt (la subvention territoriale).
15 août Exil du Parlement à Troyes.
15-18 août Émeutes à Paris.
19 septembre Retour du Parlement à Paris.
17 novembre « Édit de tolérance » qui accorde l'état civil aux protestants.

1788
3 mai Arrêt du Parlement qui accuse Loménie de Brienne de vouloir

anéantir les lois et les magistrats.

8 mai Le roi impose aux parlementaires une réforme judiciaire inspirée par le garde des Sceaux, Malesherbes.

7 juin « Journée des tuiles » à Grenoble. Les Grenoblois lancent des tuiles sur les soldats après l'exil du parlement de la ville.

8 août Annonce de la convocation des états généraux pour le 1er mai 1789.

25 août Démission de Loménie de Brienne et rappel de Necker.

23 septembre Les parlements sont rétablis dans leurs prérogatives.

Novembre Seconde assemblée des notables.

27 décembre Le roi est contraint à admettre le doublement du tiers état.

1789

5 mai Convocation des États généraux à Versailles. Le tiers état demande dans ses cahiers de Doléances la mise en place d'une constitution qui limite les pouvoirs du roi, définit les droits du peuple et abolit les privilèges de la noblesse et du clergé.

17 juin Le tiers état se proclame Assemblée nationale et menace le roi de la grève de l'impôt.

20 juin serment du Jeu de paume les députés du tiers état font serment de ne jamais se séparer tant qu'une constitution solide ne sera pas établie.

23 juin Le clergé se rallie au tiers État. Louis XVI fait annuler le serment du Jeu de paume et sépare les trois ordres.

9 juillet Les états généraux se proclament Assemblée constituante.

11 juillet Louis XVI renvoie Necker.

14 juillet Le peuple de Paris se soulève. Prise de la Bastille. Les Parisiens arborent une cocarde bleu, blanc et rouge (couleurs de Paris) qui devient le drapeau national.

4 août Abolition des privilèges.

26 août Déclaration des droits de l'homme et du citoyen.

5-6 octobre Le peuple marche sur Versailles et ramène le roi à Paris. Louis XVI ratifie les décrets du 4 août.

2 novembre Les biens du clergé sont confisqués.

19 novembre Décret ordonnant la vente des biens nationaux.

1790

mai La France est divisée en quatre-vingt-trois départements.

12 juillet Vote de la Constitution civile du clergé.

14 juillet Fête de la Fédération. Commémoration de la prise de la Bastille sur le Champ-de-Mars.

17 juillet La foule rassemblée sur le Champ-de-Mars réclame la déchéance de Louis XVI. La Fayette est envoyé pour disperser la foule qui refuse. La garde tire sur la foule : cent morts.

1791

20 juin Le roi et sa famille s'échappent des Tuileries.

22 juin Louis XVI est arrêté à Varennes.

25 juin Le roi est ramené à Paris et est suspendu de ses pouvoirs.

27 août Déclaration de Pillnitz : l'empereur d'Autriche et le roi de Prusse ordonnent que « le roi Louis soit rétabli dans tous ses droits » et menacent d'envahir la France en cas de refus.

3 Septembre Proclamation de la Constitution. Louis XVI est rétabli dans ses fonctions. La France devient une monarchie constitutionnelle héréditaire. L'Assemblée constituante se sépare.

27 septembre L'Assemblée nationale constituante émancipe les Juifs du royaume.

30 septembre Fin de l'Assemblée législative. Elle est remplacée par la Convention nationale. Formation de trois partis :
- les feuillants, partisans de la monarchie constitutionnelle, siègent à droite ;
- les girondins, partisans d'une république libérale, siègent à gauche ;
- les montagnards, partisans d'une république démocratique, siègent en haut. Proclamation de la République.

1er octobre L'Assemblée législative succède à l'Assemblée constituante.

1792

20 avril Louis XVI déclare la guerre à l'Autriche et à la Prusse.

20 juin Le peuple marche sur les Tuileries.

10 août Commune insurrectionnelle. Prise des Tuileries.

17 août Création d'un tribunal criminel extraordinaire.

2 au 6 septembre Tous les opposants à la Révolution emprisonnés sont massacrés. Des milliers d'autres, déclarés suspects, suivirent.

20 septembre Les Autrichiens assiègent Lille, les Prussiens prennent Verdun. Victoire de Valmy par Dumouriez et Kellermann sur les Prussiens qui battent en retraite.

21 septembre La royauté est abolie.

6 novembre Victoire de Jemmapes sur les Autrichiens.

11 décembre Début du procès de Louis XVI.

1793

14 janvier Louis XVI est déclaré coupable de trahison et condamné à être guillotiné.

18 janvier Confirmation de la condamnation à mort de Louis XVI

21 janvier Louis XVI est exécuté sur la place de la Révolution (actuelle place de la Concorde).

16 octobre Exécution de Marie-Antoinette.

Crédits photographiques

Akg-images : pp. 6, 8 (1er, 3e et 4e portraits en bas), 9 (tous les portraits en bas), 10 (2e et 3e portraits en bas), 11, 14, 16, 17, 19, 24, 26, 29, 30h, 31, 33, 35, 36, 40h, 41, 42, 47, 50-51, 53, 54, 58, 59, 61h, 62, 66b, 67, 68, 72, 73, 74, 75, 78, 79, 80, 81, 82b, 85, 90b, 93

Bridgeman-Giraudon : pp. 10 (en bas à droite), 15, 20, 25, 32, 59h, 60h, 86-87, 90h

Roger-Viollet : pp. 8 (2e portrait en bas), 9h, 10 (en bas à gauche) 18, 21, 28, 30b, 34, 37, 40b, 43, 44, 45, 46, 48, 52, 55, 56, 57, 60b, 61b, 63, 64, 66h, 69, 70h, 71, 76, 82h, 83, 84, 88, 91, 92

Leemage : pp. 12-13, 22-23, 38-39

RMN-photo : pp. 26b © Jean-Gilles Berizzi, 89 © Daniel Arnaudet